孩子读得懂的史记

[西汉] 司马迁 原著
沈晓彤 编著
上海宥绘 绘

2 春秋大乱斗

北京理工大学出版社
BEIJING INSTITUTE OF TECHNOLOGY PRESS

版权专有　侵权必究

图书在版编目（CIP）数据

孩子读得懂的史记.春秋大乱斗/（西汉）司马迁原著；沈晓彤编著；上海宥绘绘.-- 北京：北京理工大学出版社，2023.12（2025.4重印）

ISBN 978-7-5763-3032-8

Ⅰ.①孩… Ⅱ.①司… ②沈… ③上… Ⅲ.①中国历史—春秋时代—青少年读物 Ⅳ.① K220.9

中国国家版本馆 CIP 数据核字（2023）第 205855 号

责任编辑：李慧智　　　**文案编辑**：李慧智
责任校对：王雅静　　　**责任印制**：施胜娟

出版发行 / 北京理工大学出版社有限责任公司
社　　址 / 北京市丰台区四合庄路 6 号
邮　　编 / 100070
电　　话 /（010）68944451（大众售后服务热线）
　　　　　（010）68912824（大众售后服务热线）
网　　址 / http://www.bitpress.com.cn

版 印 次 / 2025 年 4 月第 1 版第 2 次印刷
印　　刷 / 武汉林瑞升包装科技有限公司
开　　本 / 889 mm × 1194 mm　1/16
印　　张 / 17
字　　数 / 200 千字
定　　价 / 219.80 元（全 4 册）

图书出现印装质量问题，请拨打售后服务热线，负责调换

前言

西汉史学家司马迁撰写的《史记》，是中国历史上第一部纪传体通史，记录了从黄帝时期至汉武帝时期三千多年的历史。全书共一百三十篇，包括十二篇本纪、三十篇世家、七十篇列传、十篇表和八篇书。因为规模巨大、体系完备，对后世纪传体史书产生了深远的影响，所以被列为"二十四史"之首。

《史记》有多篇入选人教版语文课本，从小学覆盖至高中，更是历史课本中上古至西汉时期内容的重要史料来源。青少年阅读《史记》故事，不仅能打通小学、中学历史文化知识的壁垒，还能与古代贤者共鸣，汲取古人智慧，感受圣贤风骨。

我们这套《孩子读得懂的史记》，采用"《史记》故事+精美插图+原典解读"的形式，赋予经典史籍新的时代内涵。书中重新梳理了时间线索，将对应时间线下"世家"和"列传"的相关篇章挪到"本纪"之后讲述，使同一时期的人物、事件更加直观。全套精选一百二十篇《史记》故事，配以二百四十余幅精美插图，着重刻画历史大事件，为孩子还原历史现场，用轻松诙谐、风趣幽默的语言重述《史记》故事，帮助孩子读得懂、喜欢读这部中国传统史学名著。

目录

壹
诸侯霸政前的序章——周王室风光不再，软弱可欺

01 共叔段之乱：打响春秋第一战　　　　　　　　　　02

02 郑庄公抢粮：连你爷爷我都敢欺负，还怕你吗　　　10

03 繻葛拒周：天子的颜面荡然无存　　　　　　　　　18

贰
尊王攘夷，诸侯竞相称霸——天子在手，天下我有

04 卫惠公投齐：有事找舅舅，舅舅就是这么霸道　　　28

05 公子纠：从一开始就输了　　　　　　　　　　　　36

06 管仲拜相：多亏了我的好朋友　　　　　　　　　　44

07 桓公称霸：挟天子以令诸侯　　　　　　　　　　　52

08 卫懿公好鹤：给鹤封官的糊涂虫	60
09 宋襄公之仁：理想很丰满，现实很骨感	66
10 骊姬乱晋：一场废长立幼的闹剧	75
11 晋献公假途灭虢：谁信我，谁就输了	81
12 羊皮换贤：史上最划算的买卖	89
13 荀息尽忠：用生命为自己说过的话负责	95
14 晋惠公毁诺：偷鸡不成蚀把米	101
15 晋文公流亡：漂泊十九年，终于王者归来	108

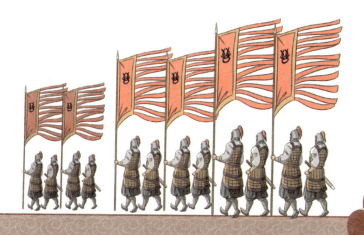

16 晋文公称霸：旧账最好不要翻　　　　　　　　118

17 秦穆公征西戎：知错能改就是好国君　　　　　128

18 楚庄王问鼎：我是一只一鸣惊人的鸟　　　　　137

19 循吏孙叔敖：一代廉相，助楚庄王成就霸业　　148

叁
晋楚争霸之一起当大王——和平谈判，平分霸权

20 晋楚会盟：不打了，再打都完了　　　　　　　158

21 老子与孔子：兵荒马乱时期的智者　　　　　　166

22 伍子胥逃亡：哪儿都待不下去　　　　　　　　174

肆
中原唱罢东南登场——夫差和勾践的恩怨情仇

23 吴王僚遇刺：没事不要乱吃鱼　　　　　　　　184

24 阖闾攻楚：有了孙武，我也能称霸　　　　　　193

25 伯嚭祸国：同病相怜？是你想太多　　　　　　201

26 孔子去鲁：强拆引发的风波　　　　　　212

27 颜回与子路：不一样的勇敢　　　　　　222

28 勾践复国：苦胆不好吃，但有用　　　　　　231

29 勾践称霸：越国昙花一现的霸业　　　　　　238

30 韩赵魏分晋：贪心总是难免的　　　　　　248

壹　诸侯霸政前的序章

——周王室风光不再，软弱可欺

01 共叔段之乱：打响春秋第一战

人　　物：姬寤生
别　　称：郑庄公
生 卒 年：公元前757年—公元前701年
出 生 地：郑（今河南省新郑市）
历史地位：春秋时期郑国第三位国君，使郑国"小霸"于诸侯

人物小传

周幽王死后，申侯联合其他诸侯拥立宜臼为周天子，这就是周平王。

然而，并不是所有的诸侯都承认他的天子地位。

以虢公翰为代表的诸侯认为：

"要不是因为宜臼，申侯怎么会起兵？周幽王又怎么会死？"

这么说起来，宜臼间接害死了父亲周幽王，没有资格继任天子。于是，他们在携这个地方拥立幽王的弟弟姬余臣——也就是周平王的叔叔做了天子，姬余臣也就是周携王。

自此，周王室形成了"二王并立"的局面。

但两个天子都不承认对方，也不想和对方分享权力。最终，周平王在晋文侯等诸侯的帮助下，诛杀周携王，周王朝再度统一，稳定了东周初年的政治局面。

因此，晋文侯等诸侯也深得周平王的倚重。

"他们又是帮我迁都，又是帮我完成统一，理应得到丰厚的封赏。"周平王这样想。

可是，打了几十年的仗，本就风雨飘摇的周王朝变得更加衰败，已经没有太多的东西可以分给大家了。

迫不得已，周平王只得将自己管辖的王畿之地拿出来作为封赏：肥沃的汾水之地被分给了晋文侯，岐山以西被划分给了秦襄公……

自此以后，周平王实际管辖的领土，甚至都比不上一些大诸侯。

郑国的崛起

没有实力的后果就是没有地位，一些诸侯开始不把周天子放在眼里。

在众多诸侯中，最先放开胆子欺负周天子的，是郑国。

那时郑国的国君是周平王的兄弟辈，郑庄公姬寤（wù）生。

往上数几代，郑国国君和周天子的关系还是很不错的。郑国的开国君主姬友，是周厉王的儿子、周宣王的弟弟、周幽王的叔叔，虽然曾因为幽王无道迁国徙民，离开了周幽王，但当周幽王被犬戎围攻时，他带人飞速赶去救援，最终和周幽王一起被杀。

到了他的儿子郑武公姬掘突即位后，和周平王更是亲上加亲。因为郑武公和周幽王一样，也是申侯的女婿。

也正因为有这么密切的关系，郑武公在拥立周平王、护送平王东迁等事情上都大力支持，立了大功，获得了大片土地封赏。

但到他儿子郑庄公的时候，一切就都不一样了。

讨要封地

郑庄公从小就非常不顺。

他虽然是郑武公的嫡长子，但母亲武姜生他的时候难产，受了好大的罪才把他生下来。也正因此，武姜一直不喜欢他，反而更喜欢他的弟弟姬段。

在很长的一段时间里，武姜都偏心自己的小儿子。

郑武公病重的时候，武姜还向他请求道："请把姬段立为太子吧。"

"但寤生才是嫡长子，不立他作为继承人，这不合规矩。"郑武公并没

有听从。

在郑武公的坚持下，寤生才顺利地做了国君，也就是郑庄公。

但武姜并没有因此放弃，她千方百计地想要帮姬段培植势力。

郑庄公即位的第一年，她就对庄公说："你弟弟也大了，该赐给他一块封地了吧？我看制邑这块地方就很不错，就把制邑封给他吧！"

制邑并不是一块普通的地方，那是郑国数一数二的战略要地。那里地势险峻，易守难攻。郑庄公担心姬段要是占据了那里，造起反来会很麻烦，就对母亲说：

"那里不行。从前虢叔就是死在了那里，不吉利，不宜封给段。"

武姜听他这么推辞，明显生气了："那你说，要把哪里封给他？"

郑庄公赶紧说："除了那里，哪里都行。"

"那就京邑吧。"武姜又挑了一个非常重要的地方，庄公不好再推辞，只得答应了下来。

不得不说，武姜是真的很疼小儿子。京邑在郑国的诸多城池里，发展得也算是数一数二的了。也正因此，大臣祭仲在听说了这件事后，赶紧来劝郑庄公："那里比国都还要大，又发展得那么好，怎么能封给嫡长子以外的人呢？"

"我也知道。"郑庄公叹了口气，接着说，"但母亲非要这里，不给他母亲就要不高兴，我不敢违背她的意思。"

武姜之所以看上制邑、京邑这些重要的地方，是因为她还想让姬段做国君。她想让姬段去封地后，好好发展几年，等发展得差不多了再把国君的位子抢回去。

姬段也很清楚母亲的意思，到京邑以后整顿军备、积极扩张，吞并了不少地方。

不仅如此，他还自称"太叔"，将京邑的城墙扩建到超出应有的规模。

祭仲提醒郑庄公道："他的势力越来越大了，您怎么能容忍呢？"

郑庄公无奈地说："我又如何不知道呢？但我要是收拾他，母亲又该不开心了。"

祭仲继续直言道："您的母亲什么时候能知足呢？不如趁早给叔段换个封地，再让他这么发展下去就难对付了。蔓延的野草尚且难于清除，更何况是您野心勃勃的弟弟呢？"

郑庄公仔细思索了一会儿后说，"多行不义必自毙。我自有打算，先睁一只眼闭一只眼吧。"

姬段见郑庄公没什么反应，更加嚣张了。他用了二十多年的时间，悄悄掌握了小半个郑国的土地。

郑庄公二十二年（公元前722年），姬段一切准备就绪。

武姜非常高兴，传信给姬段说："太好了！快来占领国都吧！等你带兵来了，我派人给你们打开城门！"

郑庄公也不是不知道母亲的偏心与弟弟的野心。这些年来，他虽然没有收拾姬段，但一直密切关注着姬段的动向。得知姬段要起兵造反，郑庄公先下手为强，马上派人进攻京邑。

姬段万万没想到事情会这么早败露，他很快就战败了，京邑的人纷纷向庄公投降，他只好慌慌张张地逃到鄢邑。

只不过，这一次郑庄公不会再轻易放过他了。郑国大军一路追击，一口气击溃了鄢邑的士兵，姬段只得逃出郑国，躲到了共地。也正因此，后世又把姬段称作"共叔段"。

掘地见母

赶走了姬段,平定了叛乱以后,郑庄公开始处理家事了。

得知是母亲武姜要和姬段里应外合,推翻自己,郑庄公心里特别不好受。

他将武姜迁出国都,让她搬到城颍这个地方去居住,并当着众人的面发誓说:"我这辈子,不到黄泉,不再与她相见!"

但这个誓言并没有成真。

过了一段时间,郑庄公就有点后悔了。恰逢此时颍谷的考叔来拜见郑庄公,郑庄公很高兴,大摆宴席招待他。

考叔见宴席上有很多美味的食物,并不动筷子,而是一再对郑庄公说:"这

么美味的东西,我的老母亲还都没吃过,您能让我带回去一点给她尝尝吗?"

"你真是个孝子啊!"郑庄公毫不犹豫地同意了。

自然而然地,他也想到了自己的母亲。事实上,在此之前,他就特别想念武姜,觉得自己的做法有些过分了。

郑庄公无奈地对考叔说:"做儿子的,谁不希望能和母亲好好相处呢?你一定也听过我和我母亲的事情,也不知道她现在过得怎么样。我很想去看看她,但又不能违背誓言。你能帮我出出主意吗?"

考叔思考了一会儿后说:"当初您说,不到黄泉,不再与她相见。黄泉也可以是地下的一处泉水,您如果实在想见您的母亲,可以找人挖一条地道,一直挖到有泉水的地方,再通过地道去那里见她,这样就不算违背了誓言。"

"好主意!"郑庄公连连拍手,将此事交给考叔去办。

考叔一边派人挖地道,一边让人将事情始末转告武姜。

武姜听说了之后,没想到郑庄公还能这样挂念母子情分,感动得老泪纵横。等到地道挖好之后,她通过地道去见郑庄公,母子二人抱头痛哭。武姜向郑庄公表达了自己的悔意,以后对郑庄公会像对待姬段一样好,再也不偏心了。

郑庄公放下了心头大事,从此以后可以安心搞事业了。

《史记》原典精选

于是庄公迁其母武姜于城颖，誓言曰："不至黄泉，毋①相见也。"居②岁余，已悔思母。颖谷之考叔有献于公，公赐食。考叔曰："臣有母，请君食赐臣母。"庄公曰："我甚思母，恶负盟，奈何？"考叔曰："穿地至黄泉，则相见矣。"于是遂从之，见母。

——节选自《郑世家第十二》

【注释】

①毋：不要。　②居：过了。

【译文】

于是，庄公把自己的母亲武姜迁到城颖居住，发誓说："不到黄泉，不再相见了。"过了一年多后，庄公已经感到后悔，非常思念母亲。颖谷的考叔向庄公进献礼物，庄公赏赐他食物。考叔说："我有母亲，请将您的食物赐给我的母亲吧。"庄公说："我也非常思念我的母亲，但又厌恶违背誓言，该怎么办呢？"考叔说："挖条地道直到有泉水的地方，就能够见面了。"于是庄公依照他的办法，见到了母亲。

神秘的黄泉

中国古代，人们打井时，挖至深处会流出混杂着泥土的黄色泉水，故而有黄泉一说。而人死后也是埋于地下，所以古人就用黄泉代指人去世后会去的地下世界，也称"九泉"。

白居易的《长恨歌》中，有"上穷碧落下黄泉，两处茫茫皆不见"的诗句。这里的"黄泉"，就是地下世界的意思，而"碧落"是用来指代"天上"。

郑庄公抢粮：连你爷爷我都敢欺负，还怕你吗

人　　物：姬宜臼
别　　称：姬宜咎、周平王
生 卒 年：？—公元前 720 年
出 生 地：镐京（今陕西省西安市）
历史地位：东周第一任君主，迁都洛邑，开启春秋时代

人物小传

　　自从赶走了弟弟，缓和了与母亲的关系，郑庄公的主要精力就都放到了郑国的发展上。

　　这说起来也不难。

　　郑国的封地位于今天的河南郑州一带，土壤和气候非常适合发展农业，郑庄公采取鼓励农业、商业发展的宽松政策，没过多久，成果就很显著。

　　国家富庶了，有实力了，别的诸侯国自然愿意来亲近。很快，郑庄公就赢得了诸侯们的信任，不管办什么事都是一呼百应，非常有威望。

　　再加上周天子因为之前迁都等事情，一直很倚重郑国国君，郑国国君的地

位也不低。

郑庄公和他的父亲郑武公都曾出任周王朝的卿士一职。

周郑交质

但是,渐渐地,随着郑国的强大,周平王开始猜忌郑庄公。加上郑庄公忙于国内发展,久不来朝,周平王就开始宠信虢公忌父,有意擢升虢公来分走郑庄公的一部分权力。

"本来已经给了我的东西,怎么能再给别人呢!"郑庄公听说了任命的消息,飞速赶到洛邑,质问周平王:"你作为天子,怎么能出尔反尔?"

周平王听他质问的语气,心里很不舒服,但考虑到郑庄公的实力强大,自己惹不起,只能低声下气地解释:"这不过是个误会,我没有要收回你权力的意思。"

周平王的低声下气,反而助长了郑庄公的嚣张气焰。他万万没想到周天子的气场已经衰弱到这种地步,于是决定进一步试探,口气上也愈加不依不饶起来。

"你这样说话不算话,我怎么能相信你?"郑庄公义正词严地说,"为了表示诚意,不如让你的太子姬狐来我郑国做人质吧!"

那个时候,在诸侯之间,的确有交换质子来表示诚意的做法。但周平王作为天子,地位在郑庄公之上,郑庄公敢这么要求周平王,可以说是非常冒犯了。

尽管大臣们听说了这个要求后都很气愤,但周平王不敢不答应。

很快,太子姬狐就被送去了郑国,作为交换,郑庄公的儿子姬忽也到洛邑做人质。

交换人质之后,周平王觉得损失了脸面,郁结于心,没过多久就病死了。

消息一传到郑国，太子姬狐就出发往回赶，一来是为了奔丧，二来是为了继位。

不幸的是，他太伤心了，再加上舟车劳顿，路上生了严重的病，回去后没多久就一命呜呼了。

太子姬狐也死了，谁来做周天子呢？

答案是周平王的孙子、姬狐的侄子姬林。

其实，姬狐是周平王的次子，他上面还有一个哥哥姬洩父。姬洩父一出生就被立为太子，但他死得早，所以才又立了姬狐为太子。

姬洩父去世时，留有一个儿子姬林。所以，在姬狐也去世后，大臣们就拥立姬洩父的儿子姬林做了天子，也就是周桓王。

郑庄公抢粮

但当了天子的周桓王姬林，处境也没有比他的爷爷和叔叔好多少。

爷爷周平王被郑庄公那么威逼欺负，叔叔姬狐又因为去郑国做人质，长期心情抑郁，回国后没来得及登基就去世了。无论怎么说，周桓王也不可能喜欢郑庄公。

周桓王即位时，郑庄公作为诸侯，都没有来都城朝见。他年轻气盛，受不了郑庄公的慢待，就准备罢免郑庄公的卿士一职。

对于这种小把戏，郑庄公应对得非常从容。你夺我权力，我就去抢你的粮食。

这一年的初夏，麦子成熟的季节，他派人到温地把刚刚成熟的麦子全割走了，一根麦穗都没给周桓王留。等到了秋天，他又故技重施，派人到成周把成熟的谷物也给抢走了。

对于郑庄公的明抢行为，周桓王非常生气，但他又打不过郑庄公，能怎么

样呢?

郑庄公却更加嚣张,一直到周桓王即位的第三年,他闲来无事了,才终于想起来去洛邑朝见周桓王。

周桓王可没有忘记他抢粮食的事,见他来了,态度特别冷淡,连基本的礼遇都没有。

郑庄公正愁找不到借口发作,见周桓王这样,马上义正词严地说:"当时要是没有郑国和晋国,周王室怎么能顺利地搬到洛邑来呢?我要是你,恭恭敬敬地邀请,还担心人家不来呢,更不用说你这样不以礼相待了。周天子这么失礼,真让我郑国寒心。从今往后,郑国不会再来朝见天子了。"

周桓王可不听他的吓唬,眼看着和郑庄公的关系是没法挽回了,他也就越来越倚仗虢国的国君,希望借此来制衡郑庄公。

郑鲁换地

被周天子这么无情地抛弃，郑庄公非常怨恨，他很快就想出了一个好办法报复周天子。

"我们交换一块土地吧。"郑庄公对鲁国的鲁隐公说。

"可以啊。"鲁国和郑国的关系一直还不错，鲁隐公觉得这不是什么大事，就非常爽快地答应了。

保险起见，他接着就问了："你想要换哪一块土地呢？"

"别的我都不要，就要许田！"郑庄公气哼哼地说。

鲁隐公一听，顿时什么都明白了。因为这许田虽然在鲁国境内，却是周天子用来祭祀泰山的专用田。郑庄公这么做，分明就是想收拾周桓王。

但鲁国也早就不是原来和周天子关系亲密的鲁国了。

从周公姬旦、鲁公伯禽传到鲁隐公，已经过去了十几代。经过连年征战，鲁国吞并了周围的很多部族和小诸侯国，实力越来越强，只比郑国差了那么一点点，但也是诸侯之中的佼佼者。

周天子式微，鲁国自己都不把周天子放在眼里。鲁隐公的父亲鲁惠公甚至还向周平王提出，想以天子礼祭天。周平王认为这是僭越的行为，坚决不同意。但鲁惠公也不是很在乎他同不同意，不过是礼貌性地通知他一声，最终还是我行我素地用了天子礼祭天。

鲁国的这次祭天仪式非常盛大，诸侯们都知道了这件事。周平王也不例外，但因为忌惮鲁国的实力，他也不敢追究鲁国什么，只能默默地忍了。

鲁国自己对周天子都是这个态度，所以，当郑庄公和鲁国商量交换土地的时候，鲁国也不觉得郑庄公想收拾周桓王有什么不对。交换一块土地而已，周天子也不敢拿鲁国怎么样，对鲁国没什么损失，还可以卖郑国一个人情，何乐而不为呢？

鲁国想都没想，就爽快地答应了郑庄公。从那以后，郑国和鲁国的关系果然更好了。

可周桓王的感觉就不怎么好了，祭祀专用的许田到了不听话的郑庄公手上，这还怎么用？肺都要气炸了。只能说，郑庄公是懂怎么欺负人的。

《史记》原典精选

五十一年，平王崩，太子洩父蚤①死，立其子林，是为桓王。桓王，平王孙也。桓王三年，郑庄公朝②，桓王不礼。五年，郑怨，与鲁易③许田。

——节选自《周本纪第四》

【注释】

①蚤：通"早"。　②朝：朝见。　③易：交易，交换。

【译文】

五十一年（公元前720年），平王去世，他的大儿子洩父很早就死了，立他的儿子林为王，这就是桓王。桓王是平王的孙子。桓王三年（公元前717年），郑庄公朝见桓王，桓王不予礼遇。郑庄公怨恨这件事，桓王五年（公元前715年）与鲁国交换土地，得到许田。

泰山祭祀

中国是个多山的国家，中国人自古以来就有在高山之上祭祀的传统。泰山原被称作太山，"太"字最初与"大"字通用，所以泰山也就是大山的意思。泰山为五岳之首，有"天下第一山"的美誉。在高耸的泰山之顶祭祀天帝，借助泰山之高将自己的功绩上告于天，这个传统可以追溯到舜帝时期。后来，泰山逐渐成为帝王告祭的神山，还有了"泰山安，四海皆安"的说法。

03 繻葛拒周：天子的颜面荡然无存

人　　物：姬林
别　　称：周桓王
生 卒 年：？—公元前 697 年
出 生 地：洛邑（今河南省洛阳市）
历史地位：周平王之孙，在位期间，周天子的颜面荡然无存

人物小传

　　郑庄公在欺负周天子的同时，也不忘搞事业。他一边忙着和鲁国、齐国这样的大国搞好关系，一边派兵吞并一些周边的小国，扩张势力，很快就成了诸侯中首屈一指的"小霸王"。

　　宋国是和郑国交战比较多的小国。这个恩怨需要追溯到宋穆公去世时，公子与夷即位，也就是宋殇公，而公子冯逃到了郑国避难。

　　宋殇公不满郑国收留了公子冯，就叫上了卫国、陈国、蔡国一起攻打郑国，围攻郑国的东门，五日后才退兵，这就是东门之战。

　　一年之后，郑庄公为了报东门之战的仇，联合邾（zhū）军，领着周天子的军队攻打宋国。

四年之后，郑庄公以宋殇公不去朝见周桓王为由，用天子的名义令鲁国一起进攻宋国。

……

直到宋殇公去世后，公子冯归国即位，郑国和宋国才暂时讲和。

但这一次次的交战中，郑国胜多败少，郑庄公的威名就打出来了。

箭射天子

郑庄公越强大，周桓王也就越看他不顺眼。随着一件又一件事的累积，双方的关系进一步恶化。

公元前707年的夏天，周桓王完全剥夺了郑庄公在朝廷的权力，郑庄公也不再给天子进贡，君臣彻底撕破脸。

这一年的秋天，周桓王率领着周朝军队及陈、蔡、虢、卫四国的军队，一起讨伐郑国。

郑庄公得知消息，马上发兵自救。

郑国的子元建议用左、右方阵来分别击破："他们虽然人多，但陈国正值动乱，士兵担忧国内的状况，缺乏战斗意志，右方阵先攻打陈军，他们必定会奔逃。蔡国和卫国的士兵看到这种情形，也一定会陷入混乱，左方阵这时出击，很容易击溃他们。我们先击溃这三国，再合力去打虢国和周王室的军队，一定可以获胜！"

"他们不仅人多，战车也多。"高渠弥补充道，"但这也不是什么问题。我们可以改变一下战术——以前大家习惯于让战车开路，步兵随后。现在，我们可以把步兵安插在战车中间，让他们和战车相互掩护，协同作战。这样无论是进攻还是防守,都能自如许多。"

郑庄公觉得很有道理,听从了他们的部署,并问道:"这是什么阵法?"

"此阵名为鱼丽阵。"高渠弥答道。

等周王室的联军行进到繻(xū)葛时,早等在这里已经准备好的郑军发起了猛烈的进攻。在郑庄公的指挥下,交战没多久,陈军、蔡军和卫军就被打得四散而逃,甚至还大大扰乱了虢国和周王室军队的步调。最终,周王室联军被

打得一败涂地。周桓王本人也被郑国大将祝聸（《左传》中记作祝聘）一箭射中肩膀，不得不退出战斗。

"我们赶紧乘胜追击吧！"祝聸对郑庄公请求说。

然而，郑庄公阻止了他。

"我们已经获胜了，见好就收吧。普通人都不能被欺负得太过了，更何况是对天子赶尽杀绝呢？如果真的借此机会杀了天子，其他诸侯国也一定会借题发挥前来攻打我们。郑国就算再厉害，最终也会寡不敌众。还是不要冒着灭国的风险，惹这么大的麻烦吧。"

不仅如此，庄公还派了祭仲趁着夜晚去探望周桓王，询问他的伤势，表面功夫做得很足。

事实证明，郑庄公的决定是明智的。这之后，周桓王也没有继续纠缠，一溜烟地跑回了都城，再也不和郑国作对了。

在繻葛发生的这场大战，再次狠狠地打击了周桓王，让周天子的颜面荡然无存，也让郑庄公成为"春秋小霸"。

从那以后，诸侯们纷纷开始像郑国一样，吞并周边的小诸侯国，就连兄弟之国也要互相征伐，打得不亦乐乎。

郑国也不是不想抓住这个好机会，继续扩大地盘，成为称霸一方的强国。但在这么好的局势下，他们反而迅速走向了衰落。

因为繻葛之战后没几年，郑庄公就去世了。

杀婿逐主

郑庄公有三个儿子，分别是太子姬忽和他的弟弟公子突、公子亹（wěi）。

太子姬忽和大臣祭仲的关系很好。之前，北戎攻打齐国的时候，齐国派使臣来向郑国求救，郑庄公派太子姬忽领兵救援。齐釐公就想把女儿嫁给姬忽做妻子，被姬忽婉拒了。当时祭仲与姬忽同行，还曾极力劝说姬忽应下这门亲事，好多一份助力，可惜姬忽没有听进去。

郑庄公去世后，按照规矩，本来应该由太子姬忽即位的。

但是公子突的母亲是宋国贵族雍氏的女儿，雍氏在宋国很得宠，宋国的国君宋庄公就很想让与本国关系密切的姬突做郑国的下任国君。

于是，宋庄公派人把祭仲骗到宋国来扣住，威胁他说："你要是不帮姬突做国君，我就杀了你。"

祭仲为了活命，只好答应了。

就这样，姬突成了郑国的国君，也就是郑厉公。他的哥哥姬忽则逃亡到了邻近的卫国。

郑厉公即位后，和祭仲互相看不顺眼。

郑厉公生气祭仲一开始支持的是哥哥姬忽，不是自己，担心有一天祭仲会为了哥哥赶走自己。

祭仲则是生气自己被胁迫，才不得已拥立姬突，于是在朝堂之上疯狂揽权，这让郑厉公更加忌惮了。

郑厉公越想越不放心，就找来一个名叫雍纠的心腹，命令他道："你去想办法帮我暗中把祭仲除掉！"

之所以选中雍纠,是因为雍纠是祭仲的女婿,方便接近祭仲,好下手。

雍纠想建功立业,答应得很痛快:"我在郊外摆一场宴席,请我岳父吃饭,趁机埋伏下人手,保准出其不意,一准拿下。"

没过多久,雍纠的妻子在他与别人暗中部署时听到了这件事,告诉了自己的父亲。

祭仲本来就疑心为何宴席要特意摆到郊外去,这下心里有谱了,提前做好准备,赴宴当天非但没有中圈套,反而带人杀死了雍纠。郑厉公见事情败露,担心祭仲也不会放过自己,仓皇逃离国都,到了郑国边境的栎地暂住。

祭仲见郑厉公跑了,就重新迎回姬忽,拥立他做了国君,这就是郑昭公。

可是，姬突在栎地也不死心，没过多久就笼络了许多人，准备杀回去。附近的诸侯们听说了这件事，纷纷出兵帮他打姬忽，想着打赢了好分一杯羹。然而，他们很快就败了。

"你也挺不容易的。"最终，还是他的老朋友，宋庄公看不过去了，给他留了一些精兵良将自保，也帮他守着栎地。姬忽听说了以后，才没有再来找他的麻烦。

可是，郑昭公姬忽的好日子也没有持续太久。

之前还是太子的时候，姬忽就一直与高渠弥不和，等他回郑国即位后，高渠弥担心姬忽报复自己，就趁姬忽外出打猎的时候，先下手为强，一箭射死了姬忽。

姬忽死了，祭仲也不敢把栎地的郑厉王姬突迎回来，想来想去，最终立了姬突的另一个弟弟姬亹做了国君。

经过这么些年的内乱，郑国早就失去了原来的地位，虽然不至于特别弱小，却也被挤出了强国的行列，再也没法重现郑庄公当年的辉煌了。

《史记》原典精选

三十七年，庄公不朝周，周桓王率陈、蔡、虢、卫伐郑。庄公与祭仲、高渠弥发兵自救，王师大败。祝瞻射中王臂。祝瞻请从之，郑伯止之，曰："犯长且难①之，况敢陵天子乎？"乃止。夜令祭仲问王疾。

——节选自《郑世家第十二》

【注释】

❶ 难：通"懦"，恐惧，敬畏。

【译文】

三十七年（公元前707年），庄公没有朝拜周桓王，周桓王率领陈、蔡、虢、卫等国共同讨伐郑国。郑庄公与祭仲、高渠弥发兵自救，周桓王的军队被打得大败。祝瞻还射中了周桓王的手臂。祝瞻请求继续追击周桓王，郑庄公阻止了他："侵犯长者尚且要感到恐惧，怎么敢欺凌天子呢？"于是停止追击。庄公深夜派祭仲去询问周桓王的伤势。

五霸一点都不霸

很多人都觉得，"春秋五霸"指的是春秋时期五位霸道的诸侯；郑庄公作为"春秋小霸"，也是因为他厉害。但实际上，春秋五霸中的"霸"，是"伯"的谐音，伯又称州伯、方伯，是诸侯之长，是天子之下，诸侯之上的一个职位和名号，可以打着周天子的旗号讨伐不听话的其他诸侯国。

"春秋五霸"，也可以理解为春秋时期参与争霸的最具代表性的五个人，他们的势力、地位并不完全等同，不同的史学家、学者对"五霸"的人选也有不同的看法。

贰 ○ 尊王攘夷，诸侯竞相称霸

—— 天子在手，天下我有

04 卫惠公投齐：有事找舅舅，舅舅就是这么霸道

人　　物：卫朔
别　　称：卫惠公
生 卒 年：？—公元前 669 年
出 生 地：春秋时期的卫国
历史地位：卫国第十六任国君

人物小传

郑国的故事告一段落，接下来就讲一讲在郑国东北方的卫国。

它也是一个姬姓诸侯国，卫的开国君主是周武王姬发的同母弟弟康叔姬封。

平王东迁的时候，卫国当政的是卫武公。因为辅佐周平王有功，被升为公爵，开始慢慢发展。

因为距离郑国近，郑国很多落魄的宗室子弟，都喜欢逃往卫国避难。前面讲过的共叔段和姬忽都是这样。卫国也因此经常被牵扯进战争中。

弑兄自立

卫武公去世后，儿子姬扬继位，史称卫庄公。

卫庄公有两个儿子：一个叫姬完，是陈国女子的后代，被立为太子；还有一个叫姬州吁，是宠妾所生的庶子。

姬州吁自小就喜欢军事，长大后能征善战，很受父亲卫庄公的宠爱，还让他做了军队的将领。

但姬完即位后，就很不放心这个弟弟，总担心他会借着手里的兵权谋反。在姬完继位的第二年，就以弟弟姬州吁骄横奢侈为由，罢黜了他的职务。

姬州吁一见形势不对，马上出逃投奔他国。在逃亡的路上，他恰好遇到了从郑国逃出来的共叔段。

"我们都是被哥哥迫害的可怜弟弟，以后要是做了国君，一定要互相帮助啊！"同病相怜的两个人结为好友，这样约定着。

后来，好运眷顾了姬州吁。他召集了一批从卫国逃亡出来的人，成功杀死了哥哥姬完，自立为卫国国君。

好友共叔段听说以后，前来请他兑现承诺。姬州吁于是大张旗鼓地约上宋国、陈国和蔡国，一起去攻打郑国。

这让卫国的民众都很讨厌他。

大臣石碏更是反对他。在姬州吁还小的时候，石碏就曾劝谏卫庄公，不要让庶子接触军事，否则会导致祸乱，可惜庄公不听。

本来就是弑兄上位，一上台就发动战争，这让民众和臣子们怎么喜欢得起来？

石碏心心念念地想为死去的姬完报仇。他表面上同姬州吁走得近，暗地里联合姬完的母族陈国，合谋杀死了姬州吁。

而后，石碏和卫国的大臣们一起拥护姬完的另一个弟弟姬晋为国君，也就是卫宣公。

白旄使齐

卫国和齐国向来交好。

卫宣公的五个儿子都是齐国女子的后代。姬伋、姬黔牟、姬顽,是夷姜所生;姬寿、姬朔,是宣姜所生。

其中,宣姜是齐襄公的妹妹。

这五个儿子中,姬伋作为嫡长子,被立为太子。但随着他渐渐长大,卫宣公越来越不喜欢他。弟弟姬朔发现后,就联合自己的母亲一起在父亲面前说姬伋的坏话。

日久天长,卫宣公对姬伋起了杀心。他准备让太子姬伋出使齐国,并暗中安排盗贼在边境线上截住并杀死姬伋。

这天，他把姬伋叫到跟前，递给他一根白旄节，交代道："你代表我们卫国出使齐国一段时间吧。这是你作为使臣的信物，一定要时刻带在身边。"

姬伋郑重地接过旄节，回去准备行李。

正在收拾东西的时候，弟弟姬寿来到他的房间。姬寿虽然与姬朔一母同胞，但为人正直，和姬伋的感情也不错。

他欲言又止了好久，开口道："要不你还是别去了吧！我听说姬朔已经收买了一群亡命徒等在边境，打算等你一到，就马上把你抓起来杀掉！"

"怎么会呢？他们怎么能认出我？"姬伋问。

"就凭你手中的白旄节！"姬寿说。

"好了，我知道了，我会注意的。"姬伋沉默了一会儿后说。

"你还是要去吗？"姬寿惊讶地问。

"当然要去。父亲已经下令了，我不能为了保住性命而违背父亲的命令。"姬伋无奈地说。

说完，他就带着白旄节出发，前往齐国了。

兄弟争死

姬寿觉得哥哥说得有道理，但又不忍心让哥哥去送死。

想了想，他决定先追上哥哥，趁哥哥不注意，偷走了白旄节，然后先于哥哥到达卫、齐两国边境。

姬伋发现白旄节丢了，就猜到可能是被姬寿拿走了，赶紧带人去追。

但此时，手拿白旄节的姬寿已经遇到了盗贼。

"那不正是我们要杀的人吗？"亡命徒们看到了拿着白旄节的人，还以为

来人是姬伋,毫不留情地杀死了姬寿。

盗贼还没有散去,姬伋也赶到了边境。他抱着已经遇害的弟弟,悲愤地哭泣:"死的人应该是我,你们为什么要杀了我弟弟呀!"

亡命徒一看杀错了人,干脆一不做二不休,把姬伋也杀死了。

投奔舅舅

姬朔铲除了姬伋这个心腹大患,后来如愿以偿地被立为太子,又顺理成章地成了国君,也就是卫惠公。

但是,因为他用不光彩的手段害死了自己的兄弟,大臣们纷纷起兵反对他。他们拥立前太子姬伋的弟弟姬黔牟为新国君,将姬朔赶出了国都。

姬朔只好仓皇逃到齐国,投奔舅舅齐襄公。

"别怕,舅舅帮你出气!"齐襄公热情地接纳了姬朔,并找来自己的妹夫鲁桓公,一起商量怎么对付卫国。

可是,伐卫的事情还没商量好,齐襄公和鲁桓公之间就产生了一些矛盾。齐襄公看鲁桓公十分不顺眼,毫不犹豫地派人把鲁桓公灌醉,残忍地杀死了。

鲁国人见国君死在齐国,前来兴师问罪。经过这么一闹,齐国和鲁国一起去攻打卫国的事情也就暂时搁置了。

齐襄公的霸道,不只体现在这一件事上。

他还杀了郑国的国君姬亹,也就是郑庄公的小儿子。

姬亹是怎么惹到齐襄公了呢?

郑国逐渐走向衰落的时候，齐国的势力却越来越强大。为了彰显自己的实力，齐襄公召集诸侯在首止这个地方举行盟会。作为郑国的国君，姬亹也收到了邀请。

"要不您还是别去了吧。"祭仲提议道，"你们俩不是曾经发生过矛盾，关系很不好吗？现在他比那时候更厉害了，万一借机报复你怎么办？"

"可是，如果不去他不是更有借口找麻烦了吗？"姬亹说，"我和他的矛盾是很多年前的事了。他总不能这么小心眼，还一直记在心里吧？"

对于姬亹的天真，祭仲非常无奈。眼看劝说没用，他不想因为姬亹的错误决定让自己受到牵连，于是声称自己身体不舒服，没有跟着一起去。

事情就像祭仲预料到的那样，姬亹一到地方，齐襄公就当着大家的面，逼他给自己道歉。姬亹觉得，当初二人发生冲突双方都有责任，自己没什么好道歉的。

齐襄公被拒绝后，觉得你居然这么不给我面子，心里怨恨，很快就派人杀死了姬亹。

国君被杀，郑国却拿齐襄公一点办法也没有。毕竟，齐襄公的势力之大，连周天子都要忌惮三分。祭仲匆匆迎姬亹的弟弟公子婴回国继位，夹着尾巴做人。

齐襄公眼看时机成熟，没人敢惹自己，终于打算替外甥报仇了。

在姬黔牟即位的第八年，齐襄公奉周天子的名义率领诸侯一起讨伐卫国，处死了赶走卫惠公的那批大臣们，顺利地把外甥姬朔送了回去。

卫惠公姬朔重新成为卫国国君。

《史记》原典精选

与太子白旄，而告界盗见持白旄者杀之。且行，子朔之兄寿，太子异母弟也，知朔之恶太子而君欲杀之，乃谓太子曰："界盗见太子白旄，即杀太子，太子可毋行①。"太子曰："逆父命求生，不可。"遂行。

——节选自《卫康叔世家第七》

【注释】

① 毋行：不要去。

【译文】

宣公给了太子一根白旄节，并告诉守在边境的盗贼，看见手拿白旄节的人就将其杀掉。太子将要出发时，子朔的哥哥子寿，即太子的异母弟弟，知道子朔陷害太子以及宣公打算杀死太子之事，于是告诫太子说："边境的盗贼只要见到太子你手拿白旄节，便会杀死你，太子你万万不能去。"太子说："违逆父亲的命令而保住性命，这绝对不可以。"太子说完就出发前往齐国了。

小使节有大用处

"使节"这个词，最初是指古代使臣的一种凭证。在周朝，使节又被称为符信，分为两种类型：一种是卿大夫等贵族去诸侯国任职时所持的任职凭证，也叫使节；另一种是大臣出使他国时，由国君授予的出使凭证，也叫符节。前者一般是铜质的，根据任职地区不同铸成不同的动物图像；后者一般是竹柄，上面装饰着牦牛尾之类的装饰品，故又称庭节或旄节。文中姬伋出使时手持的白旄节就是使节的一种。

后来，人们也用使节代指外交官。

公子纠：从一开始就输了

人　　物：公子纠
别　　称：姜纠
生 卒 年：？—公元前685年
出 生 地：临淄（今山东省淄博市）
历史地位：齐国公子，齐桓公之兄

人物小传

　　齐襄公虽然对外甥还不错，但对自己的诸位兄弟却是心狠手辣，严加防范，甚至到了六亲不认的地步。

　　为什么这么说呢？

　　因为，当初被他派去灌醉并杀死鲁桓公的人，正是他的兄弟之一，彭生。

　　彭生力大无穷，也很听齐襄公的话。齐襄公将鲁桓公灌醉后，命令大力士彭生把鲁桓公抱上自己的车，趁机将他杀死在车中。

　　可齐襄公又是怎么对彭生的呢？鲁国一来兴师问罪，齐襄公不仅不护着他，还把责任一股脑地推到他身上，无情地把他处死了。

　　此事一出，齐襄公其他几个兄弟心中难免忐忑不安，再加上齐襄公数次杀罚不当、沉溺女色、欺辱大臣，几个兄弟生怕齐襄公一不开心，把自己也给收拾了，也就纷纷想离他远点儿。

离国避难

齐襄公的弟弟中有两个比较有名：一个叫纠，一个叫小白。因为都是齐国宗室后代，也就是公子，所以后世又把他们称作公子纠和公子小白。

公子纠的母亲是鲁国贵族的女儿，鲁国是当时的强国，公子纠为了寻求庇护，去了鲁国避难。

公子小白的退路就不如公子纠了。他的母亲是卫国人，暂且不说卫国的实力不怎么样，只说当时卫国的国君是卫惠公，小白就不敢去卫国避难。卫惠公借着舅舅齐襄公的力量回到国内，自然对齐襄公非常感激，言听计从。所以，对于公子小白来说，离开齐国去卫国，无异于离了狼窝，又进虎穴，一点都起不到躲避齐襄公迫害的作用。

想来想去，公子小白盯上了齐国南边的一个小国——莒（jǔ）国。

莒国虽然不大，几百年来却一直都是东夷族的地盘，发展得虽然不算特别好，但也不差。最重要的一点是，因为莒国用的是夷礼，齐国不曾与它建交。因此，躲到莒国去，对公子小白来说是非常合适的。

公子小白和公子纠就这么分开了。

管鲍分金

作为公子,就算是离开齐国,他们身边也依然跟着很多人。有赶车的、打杂的、随身伺候的……当然也有卫兵和谋士。

跟在公子纠身边的谋士是管仲和召忽。

跟在公子小白身边的谋士名叫鲍叔牙。

管仲和鲍叔牙还是一对好朋友。他们都是齐国大臣的后代,从小就认识,对彼此也非常了解。

管仲家里穷,找鲍叔牙合伙做生意,还信誓旦旦地说:"本金你多拿一些,等赚了钱,红利分你一大部分。"

但赚钱后,管仲并没有兑现承诺,经常给自己多分一些。

"这人怎么这么贪财、不讲信用?"朋友们知道了,都为鲍叔牙鸣不平。

"不是这样的。他家穷,急需用钱,多拿一点也在情理之中。"鲍叔牙大度地为管仲开脱,丝毫不介意。

其实,这么做之后管仲心里也过意不去,就想为鲍叔牙办点事作为报答。鲍叔牙在遇到困难的时候请管仲为自己出谋划策,可管仲每一次都没办好,反而让鲍叔牙陷入了更加困窘的境地。

"这人是故意和你过不去吧?"大家又开始议论纷纷。

"怎么可能呢?"鲍叔牙还是为管仲开脱,"只是时机不成熟罢了,不能全怪他。"

管仲的坏运气并没有就此结束。很快,他做生意时连本带利赔了个精光。

仗着自己的聪明才智,管仲开始出仕做官,辅佐国君,但因为不会迎合国君,管仲多次遭到国君罢黜驱逐。

"这人没什么本事,还想去做官,太可笑了吧?"有人这样笑话管仲。

"才不是呢!管仲很有才能,只是没有遇到好的机会而已。"鲍叔牙大声反驳道。

经过管仲这么一番折腾,家里比以前还要穷了,眼看连锅都揭不开了,管仲只好去参军。可是,不大不小打了几次仗,每一次他都临阵脱逃了。

"这人怎么这么胆小怕死?"人们听说了,纷纷讥笑他。

"他不过是放心不下家里的老母亲罢了。他家只有他这么一个儿子,要是死在战场上,谁来供养他的母亲呢?"鲍叔牙还是为管仲说话。

见鲍叔牙这么理解自己,管仲时刻记在心里,两个人的关系更加要好了。

再后来，两人机缘巧合下都成了齐国公子的老师，管仲辅佐公子纠，鲍叔牙辅佐公子小白。

没过多久，齐襄公杀了鲁桓公，引起国内一阵动荡，公子们纷纷外逃，这对好朋友也分别跟着各自的公子上路了。

齐国政变

眼看着公子们作鸟兽散，齐襄公又盯上了公孙无知。公孙无知是他的堂兄弟，小时候就总爱抢他的风头。也正因此，齐襄公刚做国君之后，就百般挤对公孙无知，还寻了个理由降低了公孙无知的职位和俸禄。

公孙无知也不是省油的灯，只不过碍于齐襄公是国君，表面上不好反抗，暗地里却很恼恨齐襄公。

恰巧这时候，驻守葵丘的好友连称和管至父来找他抱怨。

"国君也太欺负人了！"

"就是！他派我们镇守葵丘，说好瓜熟时节去，第二年这个时候就派人来换班。可到了约定的时间却迟迟没有派人来，我们拜托了朋友去提醒后，他也不同意重新派人去镇守葵丘！我们好不容易找了个机会才能回来看看家人。这不，眼看着又得回去了。您说，他这不就是故意想让我们老死在那里吗？"

"听起来，他的确有这个意思……"公孙无知沉吟道。

"您也是宗室后代，不如您来做国君吧！"管至父说。

"是啊。"连称说，"我有个堂妹在宫里，一直不受宠。如果您有这个意思，我可以让她为我们打探消息。"

公孙无知处境比他们也好不了多少，自然不会不同意。

很快,机会就来了。

这年冬天,齐襄公去沛丘打猎,遇到了一头野猪。那野猪又壮又高大,随行的人中有人惊恐地喊了一声"彭生"。齐襄公一下子也想起了被自己推出去挡枪的彭生,心里十分害怕,弯弓搭箭想射死野猪。万万没想到,野猪被射中后居然像人一样站立起来,痛苦地嚎叫。齐襄公见状更害怕了,一个没站稳就从车上掉了下来,摔伤了脚,很快就返回宫里养伤了。

公孙无知听说齐襄公伤了脚,没法自如地行动,觉得是个好机会。他趁机带人冲进宫里,杀死了齐襄公,自立为国君。

只可惜,公孙无知的好日子也不长,仅仅过了一年,公孙无知外出到雍林游玩时,遭到与他有仇的雍林人群起而袭击,也被杀死了。

这下子,齐国君主又没了。齐国的大臣们纷纷联系流亡在外的公子们回国即位。

大臣高傒派人通知了公子小白。与此同时,远在鲁国的公子纠也听到了消息,急忙出发了。

《史记》原典精选

管仲夷吾者，颍上人也。少时常与鲍叔牙游①，鲍叔知其贤。管仲贫困，常欺②鲍叔，鲍叔终善遇③之，不以为言。已而鲍叔事齐公子小白，管仲事公子纠。

——节选自《管晏列传第二》

【注释】

① 游：盘旋、交往、往来。　② 欺：哄骗，这里是多占钱财的意思。
③ 遇：对待。

【译文】

管仲的名字叫夷吾，是颍上人。年轻的时候，他经常与鲍叔牙交游往来，鲍叔牙知道他是个很贤能的人。管仲家里很穷，经常骗取鲍叔牙的财物，但是鲍叔牙始终都对管仲很好，从未因此而产生怨言。不久，鲍叔牙侍奉齐国的公子小白，而管仲则侍奉另一位公子纠。

成语里的各种"交"

因为管仲和鲍叔牙之间深厚的友情，后来还衍生出了一个成语，叫"管鲍之交"，用于形容朋友之间感情很好、相互信任的关系。相似的，用来表达交情深厚的还有"生死之交""莫逆之交"等词，与之意思相反的则有"点头之交""一面之交"等，后两者用于形容交情很浅，只见过一面，或者见了面只是点点头的关系而已。

管仲拜相：多亏了我的好朋友

人 物：管仲
别 称：夷吾、管子
生卒年：？—公元前645年
出生地：颍上（今安徽省颍上县）
历史地位：春秋时期的名相，辅佐齐桓公成为春秋五霸之首

公孙无知被杀后，齐国的高氏和国氏两大家族想暗中迎公子小白回国继位。而支持公子纠的鲁国也在紧锣密鼓地护送公子纠归国。

如果是公子小白先赶回齐国，那公子纠这个国君就不一定当得上了。鲁国国君为了保障公子纠先赶回去，就准备兵分两路：一路士兵护送公子纠回国，另一路士兵去公子小白归国的路上拦截。

拦截的人由谁来带队呢？公子纠想来想去，觉得在鲁国的这些年，谋士管仲有勇有谋、表现优秀，一定能把这件事办得不错。

一箭之仇

管仲欣然领命,亲自率领着一队人马埋伏在莒国通往齐国的路上。

再看公子小白这边,自从得到了消息,就日夜兼程地赶路,终于快到齐国了,而管仲也终于等来了他们。

"快看!那是不是他们的队伍?"管仲带来的一个士兵望着前方,小声地说。

管仲定睛一看,立马在人群中认出了自己的好友鲍叔牙,坐在马车上、被众人围在中间的那个人,一定就是公子小白了。

几年不见,公子小白身边已经网罗了很多人,而自己带的这些人,硬来不一定打得过。怎么办呢?管仲灵机一动看向了手下人带过来的弓箭,不如远远地将公子小白一箭射死好了。

打定主意后，他弯弓搭箭，瞄准公子小白的腹部，一箭射了出去。

说时迟，那时快，箭矢呼啸而过，直接射到了公子小白的身上。很快，公子小白嘴角有血流了下来，发现这一变故的鲍叔牙等随从惊慌地围了过去，大声呼叫着公子小白的名字。再然后，管仲就听见那边传来了人们难过的哭声。

看来，公子小白的确被一箭射死了。管仲非常高兴，连忙带人回去向公子纠报喜。

"小白既然已经死了，我就没必要着急赶路了。"公子纠吩咐大家，"这几天忙着赶路，吃不好、睡不好，太折磨人了。"

自此，他们的速度就慢了下来，又走了六天，才终于赶到齐国边境。

然而，就在公子纠做着美梦的时候，却突然听到了一个坏消息。

公子小白早已回到了齐国，被高傒等大臣拥立为国君，也就是齐桓公。

原来呀，管仲的那支箭正好射中了公子小白腰部的衣带钩，公子小白毫发无伤。聪慧的他反应迅速，立马猜出了这些可能是公子纠派来的人。因为不清楚来了多少人，他果断咬破了舌头吐血装死，这才顺利骗过了来人。等他们离开后，又继续赶路，回到国都即位。

公子纠一听弟弟公子小白已经即位，气得七窍生烟，却也没什么办法，只能跟着鲁国士兵又灰溜溜地回了鲁国。

鲍叔牙荐管仲

公子纠回到鲁国后并不死心，鼓动鲁国国君攻打齐国，帮自己夺回王位。

齐桓公立马派兵去迎战鲁国，齐、鲁两军在乾时这个地方展开交战，鲁军大败而逃。齐军趁机迅速截断了鲁军的归路。

齐桓公给鲁庄公写信说道：

"我之所以发兵，就是想抓住公子纠和他身边的谋士。公子纠是我哥哥，我不忍亲手杀他，希望鲁国能够代劳。召忽和管仲是我的仇人，请把这两个人交出来给我处理，我就同意退兵。否则我将包围鲁国。"

鲁庄公不想继续打了，赶紧派人杀死了公子纠。派人抓召忽和管仲的时候，召忽自杀了，管仲束手就擒，被绑起来送回了齐国。

齐桓公得到公子纠已死的消息，总算出了一口恶气。

本来齐桓公打赢鲁国时，是想把和自己有"一箭之仇"的管仲也一起处死的，可谋士鲍叔牙却对他说：

"管仲是个很好的谋士，杀了他太可惜了。我有幸跟从您，亲眼看着您终于成了国君，眼下我已无法再帮您更进一步了。您如果只是想治理好齐国，那有高傒和我也就足够了。但您如果想成就霸主之业，没有管仲恐怕不行。我了解管仲，以他的才能，他所辅佐的人，必定会变得强大，所以您不能失去这个人才。"

齐桓公很信任鲍叔牙，听完他的话立马放弃心中的怨恨，借口要报仇让鲁国把管仲送回来。

管仲心里也很明白，有鲍叔牙在，自己一定不会死，所以乖乖束手就擒返回了齐国。鲍叔牙亲自去齐国边境迎接管仲，劝他为齐桓公所用。

回到齐国都城后，鲍叔牙为管仲引荐齐桓公。齐桓公待管仲甚为宽厚，任命他为大夫，参与政务。而管仲也不负齐桓公所托，在朝堂上与鲍叔牙、隰朋、高傒等人一起尽心辅佐齐桓公，共同治理齐国政事。

管仲改革

接连征战的代价就是,齐国出现了严重的财政危机,国库空虚。齐桓公于是重用管仲,让他进行一场大刀阔斧的改革。

改革的目的只有一个——富国强兵。

想富不难。齐国靠海,不仅可以发展渔业、盐业,还能和周围的东夷族开展贸易。而对于最重要的农业,管仲则采取宽松而精细化的管理模式——相地而衰征。简单来说,就是按照土地的多寡肥瘠征收贡税。土地肥沃的地方,多收税；土地贫瘠的地方，少收税。丰收的年份，多收税；歉收或者受灾的年份，少收税。这个政策一出，人们都觉得很有盼头，种起地来更积极了。

强兵则需要一点特殊的政策，管仲决定还是从土地入手。他颁布了一系列法令，试图把民众和土地固定在一起，禁止随便迁徙。这样一来，人们对周围的人都非常熟悉，以五家为一个基层单位，设置一个轨长管理。有敌国进犯时，每家出一人，五人为一个队伍，由轨长带领，方便团结作战。如果去打别的国家，征兵的时候，一个地方的兵也尽量分到一起。

而在人才的选拔上，他也主张根据实际政绩选拔、提升官员，无才无德的人不可以给予尊位，这在一定程度上冲击了世卿世禄制，扩大了人才来源。

管仲的这些政策很有效，很快，齐国就积累了大量财富，人人都很高兴。

霸业初见端倪

对内改革、整顿朝政的同时，齐桓公也没有停止对外的征讨。

齐桓公即位的第二年，就发兵灭了郯国。因为当初他逃亡国外时，曾经路过郯国，郯国不仅不收留齐桓公，还对齐桓公无礼，所以齐桓公有仇必报，一腾出手来就讨伐郯国。

同样的，就算鲁庄公杀了公子纠，齐桓公并非就真的放过了鲁国。

他欺负鲁国几乎成了习惯，时不时地就要派兵去攻打鲁国，鲁国则是败多胜少。

齐桓公即位的第五年，齐国再次发兵攻打鲁国。鲁军眼看着就要完败了，鲁庄公连忙提出割地求和，只求齐国别再打了。

齐桓公一看，这求和的态度不错，就答应了。双方约定在柯地举行盟会。

但是在会上,将要盟誓之际,鲁国的大将军曹沫手持匕首冲到齐桓公的面前,劫持了齐桓公,说:"请您同意归还鲁国被侵占的土地,否则我将杀了您!"

齐桓公迫于性命之忧,只得答应了。

然而,等脱离了生命危险之后,齐桓公就后悔了,不仅不想归还鲁国被侵占的土地,还想派人杀死冒犯自己的曹沫。

管仲却劝他说:"杀了他当然容易。但您当初被劫持时答应了,过后又背弃诺言杀死人家,这很容易让您在诸侯之间失去信义,也很容易失去天下人的支持。这样做对您很不利,不能这样做。"

齐桓公冷静下来后觉得管仲的话很有道理,就把曹沫之前几次战败所丢的鲁国领土全都归还给了鲁国。

诸侯们听说了这件事之后,都认为齐桓公是个守信的人而愿意归附。齐桓公在诸侯中的威望开始不断升高。

《史记》原典精选

鲍叔牙迎受管仲,及堂阜而脱桎梏,斋祓①而见桓公。桓公厚礼以为大夫,任政。桓公既得管仲,与鲍叔、隰朋、高傒修齐国政,连五家之兵,设轻重鱼盐之利,以赡贫穷,禄贤能,齐人皆说②。

——节选自《齐太公世家第二》

【注释】

❶斋祓:斋戒沐浴,去除不祥。 ❷说:通"悦",高兴。

【译文】

鲍叔牙亲自去接管仲,一到堂阜邑就将他的镣铐全都卸了下来,在他斋戒沐浴以后,又带他去见齐桓公。桓公对其厚礼相待,任命他为大夫,主掌齐国的政务。桓公得到了管仲,和鲍叔牙、隰朋、高傒等人一起整顿齐国的政事,推行一种以五家为基层单位的兵役制度,铸造货币以刺激商业流通,大力发展捕鱼、煮盐等行业,用得来的钱赈济贫困的人,优待贤能的人,齐国的百姓都很高兴。

美观又实用的带钩

带钩,又称"犀比",是古代男性贵族用于钩住所系腰带的挂钩,相当于现在的皮带扣。春秋时期,带钩多由青铜铸造,只有钩首和钩身。到了战国时期,在这个的基础上又添加了钩钮,材质也更加丰富,还用金、银等贵金属或玉石、玛瑙等宝石来装饰带钩,并辅以复杂的镶嵌工艺,使带钩既有实用价值,又能起到很好的装饰效果。

07

桓公称霸：挟天子以令诸侯

人　　物：齐桓公
别　　称：公子小白、姜小白
生 卒 年：？—公元前643年
出 生 地：齐国临淄（今山东省淄博市）
历史地位：春秋五霸之首，"尊王攘夷"旗号的发起者

眼看着国家越来越强大，齐桓公也想效仿当初的郑庄公，傲视群雄，不给周天子面子。

管仲却劝他说："现在还不是时候，齐国还不是最强大的。南方的楚国、西方的秦国和晋国都不可轻视。与其在诸侯中称霸，不如号召大家共同以周天子为尊。"

"听起来不错。"齐桓公想了想后问，"但我能得到什么好处？"

"这件事既然是您先发起的，您当然就成了领头人。在我们的号召下，诸侯们表面上依然把天子当作首领，然而实际上，您才是真正的首领呀！"

"太好了，就这么办！"齐桓公愉快地同意了。

尊王攘夷

没过多久,齐桓公想出兵攻打宋国。出兵前,他先派人带着丰厚的礼物去朝见周天子,说宋国随便废立国君,不尊重周天子,请周天子兴师问罪。周天子也想借齐国的力量来树立威望,就答应了齐桓公的要求,还派人带着王师和齐国一起讨伐宋国。宋国一看齐国打着周天子的旗号来的,果断认错,请求和好。

齐桓公一看打着周天子的旗号这么好用,第二年又以周天子的名义邀请诸侯到甄地会盟。诸侯们一看周天子的代表都去了,也不得不去。会上,大家一起推举齐桓公为盟主,齐桓公的霸主地位开始确立。

甄地会盟之后,真的就像管仲说的那样,齐桓公成了"真正的首领"。诸侯国遇到问题不再去找周天子,而是向强大的齐国求救。

这一年,北方的山戎进犯燕国,周天子实力太弱,自身难保,燕国选择向齐国求救。齐桓公亲自带兵,不仅把山戎赶出燕国,还一直向北追了很远才班师回去。

燕庄公很感谢齐桓公的帮助,齐桓公归国的时候,燕庄公一路将他们送出燕国边境,不知不觉就已经到了齐国的境内。

"诸侯只有在送别天子的时候,才能送出自己的国境。我不是天子,不能坏了规矩。"齐桓公说着,就把燕庄公走过的这些地方都送给了燕国。燕庄公意外得到了这么多土地,从此对齐桓公更感激了。

自从齐国帮燕国打败了山戎之后,大家纷纷觉得,齐桓公这么厉害,不愧是诸侯之中的霸主。从此,齐桓公的威望更高了。

召陵之盟

但是，与此同时，南方的楚国正在崛起。楚国仗着离中原很远，周天子鞭长莫及，态度一直非常嚣张。

楚成王在位时期，还试图向北扩张，多次攻打挡在楚国向中原争霸必经之路上的郑国。打得郑国招架不住，就快要向楚国臣服了。

郑国原本也是中原的强国，因为内乱衰落后，一直投靠齐国当小弟。

现在，楚国要来抢走自己的小弟，齐国当然不答应。

公元前 656 年春，齐桓公叫上宋、陈、卫、郑、鲁等八国一起率军南下，先是一举击溃了楚国的小弟蔡国，接着直指楚国。

楚成王领兵迎敌，见齐桓公带了这么多人来，也不敢贸然开战，客客气气地派使者问齐桓公："你在北方，我在南方，我们风马牛不相及，为什么要来攻打我呢？"

齐桓公当然不会直接说是因为你要抢走我的小弟郑国，只得翻出了几百年前的陈谷子烂芝麻。他派管仲回复楚国说："周天子曾授予我们先君太公征讨诸侯的权力。当初周昭王南征没有回去，我们要来查问原因。如今楚国不向天子进贡本来该进贡的包茅，导致天子的祭祀不得完备，因此特来问责。"

楚成王的使者应对道："没有进贡包茅确有其事，这是我们的罪过，以后不敢不供应了！至于周昭王南征没有回去，这个责任不在我们，您应当去汉水边问责去。"

双方你来我往，废话说了一箩筐，但谁也没有先挑起战火。齐桓公大兵压境的最初目的也只是向楚国炫耀武力，威慑一下这个不安分的南方诸侯国。

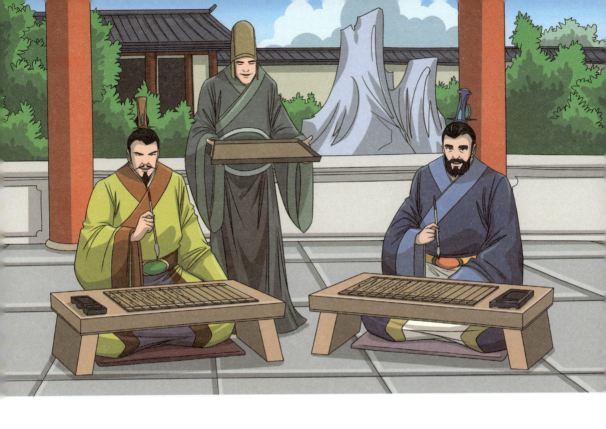

齐国和楚国就这么对峙了好几个月，一场仗都没打起来，最后双方讲和，互相结盟，各自退兵。因为双方是在召陵（今河南省漯河市）签订的盟约，后人又把这件事称为"召陵之盟"。

葵丘会盟

公元前655年，周王室发生了天子更替的大事件，这件事中也有齐桓公的参与。因为成功扶植了新的周天子，齐国的地位再一次得到提升。

这个新的周天子就是周惠王的儿子——周襄王姬郑。

本来呢，姬郑已经被立为太子，但后来周惠王更喜欢小儿子姬带，就想改立姬带为太子。

"姬郑已经做了这么长时间的太子,怎么能说换就换?"齐桓公极力保住了姬郑的位子。

周惠王死后,姬郑害怕姬带发难,因此秘不发丧,暗中寻求齐桓公的帮助。

齐桓公对他说:"过段时间,我准备召集诸侯们会盟于洮,您也来吧,很多人都希望能在会上拜见天子。"

姬郑因此参加了洮之会,和诸侯们一起待了好几个月,培养了深厚的感情。在齐桓公的主持下,他最终赢得了大家的认可,正式登上了周天子之位,史称周襄王。

齐桓公帮了自己这么大的忙,周襄王自然对齐桓公充满感激。这一年夏天,齐桓公在葵丘召集诸侯会盟时,周襄王派人给齐桓公送去了许多贵重的礼物,有祭过文王武王的祭肉、朱红色的弓箭、大车,等等,这是周天子对诸侯国的最高奖赏。

不仅如此,周襄王的使者还对齐桓公说:"临行前,天子特意交代,您接受礼物的时候不用下拜谢恩。"

齐桓公听完,心里更加得意了,甚至想真的这么做,但管仲却暗中示意齐桓公,还是按照规矩来,下拜谢恩为好。齐桓公照做了,周襄王对他更加敬重了。会上齐桓公代周天子号令诸侯,标志着齐桓公的霸业达到了巅峰。

但齐桓公很快就开始自满了。

同一年的秋天,齐桓公再次召集诸侯,在葵丘召开诸侯大会。这一次,周天子也派了人来参加。齐桓公见状,骄傲之情已经掩饰不住了,诸侯中渐渐有人不服。

齐桓公认为自己曾九合诸侯、一匡天下,功绩和之前夏、商、周三代受命于天时没什么区别了,就开始有了一些别的想法,他问管仲说:

"我如今的功绩,封祭泰山没什么问题吧?"

"您应该知道,只有天子才有资格这样做吧?"管仲劝谏道。

"我现在和天子又有什么区别?"齐桓公固执地说道。

管仲知道，他已经开始这么想，那自己无论如何也劝不住了。但他也清楚，齐桓公如果真的这么做了，难免会引来天子的反感，诸侯也会找机会反对他，齐国好不容易得来的霸主地位很可能也保不住了。

为了避免这种情况的发生，他换了个角度，劝说齐桓公道："您说得很对。但封祭泰山是件大事，需要准备很多的奇珍异宝才能举办。现在天下不太安定，想搜集那么多东西，实在是一件非常困难的事啊！"

齐桓公听了这才作罢。

《史记》原典精选

　　三十五年夏,会诸侯于葵丘。周襄王使宰孔赐桓公文武胙①、彤弓矢、大路,命无拜②。桓公欲许之,管仲曰"不可",乃下拜受赐。秋,复会诸侯于葵丘,益有骄色。周使宰孔会。诸侯颇有叛者。

——节选自《齐太公世家第二》

【注释】

① 文武胙:祭祀过文王、武王的祭肉。　② 无拜:不必行跪拜大礼。

【译文】

　　齐桓公三十五年(公元前651年)夏季,在葵丘会盟诸侯。周襄王派宰孔赐给齐桓公祭过文王与武王的祭肉、朱红色的弓箭、大车,命令桓公在接受赏赐时不必行跪拜大礼。桓公想要接受,管仲说"不可以",于是齐桓公便按照礼数下拜接受天子的赏赐。秋季,齐桓公又在葵丘与诸侯会盟,这时的他愈发带有骄傲的神色。周王室派出宰孔参加了盟会。诸侯中也渐渐有人反叛。

包茅——最早的滤酒器

　　包茅,又叫菁茅、灵茅,是一种盛产于荆山一带的特殊茅草。包茅是周王室制作祭祀用酒的重要材料之一,也是楚国每年都要进贡的贡品,主要用于过滤酒糟,为酒增加香气和风味。具体做法为:把包茅扎成束,将酿好的酒顺着包茅从上往下淋。这样,黏稠的酒糟就会被包茅过滤,酒液则带着包茅草的清香,流进下面的容器中,供王室祭祀或享用。

卫懿公好鹤： 给鹤封官的糊涂虫

人　　物：卫懿公
别　　称：卫赤、姬赤、公子赤
生 卒 年：？—公元前660年
出 生 地：卫国
历史地位：春秋时期卫国第十八任国君

人物小传

　　齐桓公在称霸中原的这些年里，整体上很好地履行了霸主的职责。

　　齐桓公帮助燕国抵御山戎后不久，狄人又开始进犯中原各国了。

　　公元前661年，邢国的使者连滚带爬地来找齐桓公求助：

　　"赤狄前来攻打我国，来势汹汹，前所未有。眼看我们就要抵挡不住了，国君派我火速来搬救兵！"

　　面对邢国使者的求助，齐桓公心存疑虑：自从打完山戎，齐国自己还没彻底休整好。此时发兵，有点勉强。但如果不发兵，事情传出去，大家知道齐国不帮邢国打赤狄，"尊王攘夷"的口号不就成了笑话，自己的名声不是也完了？

　　齐桓公想来想去，非常犹豫，就去征求管仲的意见。

管仲劝他说："戎狄就好像豺狼一样，是不会满足的。邢国虽然是小国，但也和我们同宗同源，怎么能置之不理呢？如果真的这么做了，让外族得到甜头，以后岂非更嚣张了？所以请您接受他们的求救，救援邢国吧。"

齐桓公一听这个，马上就明白了。他迅速联合宋、曹等国组织军队，前去帮助邢国。赤狄见齐军人多势众，很快撤走了。邢国虽然躲过了一场灭国之灾，但都城已经是满目疮痍了。

"他们现在是走了，但是等你们一走，他们要是再回来怎么办呀？"邢国国君非常发愁。

"我帮你把国都迁到齐国附近的夷仪吧，这样，他们就欺负不了你们了。"齐桓公说。

"那真是太好了。"邢国国君说。

卫懿公好鹤

眼看邢国举国搬走，赤狄又盯上了不远处的卫国。卫国的遭遇比邢国还要惨。

卫国和齐国的关系之前还不错。

曾经卫国的君主卫惠公因为内乱被赶出国，他的舅舅齐襄公帮他夺位，并派兵送他回国。

卫惠公去世后，他的儿子卫懿公即位。

这个卫懿公为人奢侈又荒唐。他特别喜欢鹤，一会儿看不见鹤，心里就像缺了什么似的。还没即位的时候，就在自己的宫室里养了很多鹤，让它们随时随地围在自己身边。

当了国君以后，他更是变本加厉，将鹤散养在王宫里。无论朝堂之上，还是王宫的花园里，到处都少不了鹤的身影。

每天，大大小小的鹤在王宫内外昂首阔步、趾高气扬，因为是国君的爱宠，谁也不敢招惹。

有些想讨好卫懿公的大臣，见他这么喜欢鹤，就派人四处去搜罗各种名贵的鹤，献给卫懿公。卫懿公特别高兴，开始重用这些投他所好的人。

不仅如此，卫懿公还设置了专门饲养鹤的官员，他们把鹤编成不同的阵型，训练它们给卫懿公跳舞。

最荒唐的是，卫懿公还给鹤封官，让它们和大臣一样享有俸禄和封地。

因为养鹤，卫懿公把卫国闹得乌烟瘴气，百姓对他的行为都很不满。

兵败被杀

后来，狄人攻打卫国的时候，卫懿公吓得六神无主，准备召集军队抵抗。

"恐怕士兵们都不愿作战呢！"有大臣慢吞吞地说。

"为什么？情况都这么危急了，他们还在等什么？"卫懿公着急了。

"大家都说，您自有可以抵挡狄人的力量，用不着动用军队。"大臣说。

"什么力量？我怎么不知道？"卫懿公很奇怪。

"就是您最喜欢的鹤呀！"大臣说。

"开什么玩笑？鹤怎么能打仗呢？"卫懿公急忙反驳道。

"鹤既然不能打仗，您对它们为什么比对大臣和民众还要好呢？"大臣们七嘴八舌地说。

"好了，好了，我懂你们的意思了。"卫懿公无奈地说着，派人把王宫里的鹤都赶走了，并向大臣和将士们表达了自己的悔过之意。

将士们这才穿上铠甲、拿起武器，准备出发。卫懿公自己也全副武装，打算亲自带兵御敌。

尽管如此，卫国军队因为长期缺乏战斗经验，平时也不怎么训练，和狄人一接触就被冲得稀碎，四散逃开。卫懿公自己也中了埋伏，却又好面子地坚决不肯收起自己的旗帜伪装起来，最终被狄人抓住，死于乱军之中。

杀死卫懿公后，狄人一路长驱直入，攻入卫国都城，卫懿公的几个兄弟四散奔逃。逃到曹地后，人们在野外搭草屋，拥立卫懿公的堂弟申为国君，史称卫戴公。

然而，卫戴公即位的第一年就去世了。齐桓公帮忙拥立卫戴公的弟弟毁为卫国国君，史称卫文公。

这个毁是在之前卫国内乱时逃到齐国的，齐桓公按照礼节收留了他，后来得知卫国被狄人攻入都城，就率领诸侯打跑了狄人。

不仅如此，齐桓公还帮助卫文公在楚丘筑新城，重建卫国。

因为救助了邢国和卫国，齐桓公的名声更响了，史称存邢救卫。

《史记》原典精选

懿公即位,好①鹤,淫乐奢侈。九年,翟②伐卫,卫懿公欲发兵,兵或畔。大臣言曰:"君好鹤,鹤可令击翟。"翟于是遂入,杀懿公。

——节选自《卫康叔世家第七》

【注释】

❶ 好:爱好,喜好。　❷ 翟:也作"狄",古族名。

【译文】

懿公即位后,爱好养鹤,奢侈荒淫无度。九年(公元前660年),翟攻打卫国,卫懿公想要派兵抵抗,可是士兵们却背叛了他。大臣说:"国君喜欢养鹤,您可以命令鹤去抗击翟人!"于是翟人攻入卫国国都,杀死了懿公。

四夷——蛮、夷、戎、狄

四夷是古代对中原周边各族的统称,东方曰夷,南方曰蛮,西方曰戎,北方曰狄。春秋时,居民中有华夏和戎、狄、蛮、夷的区分。随着历史的演变,不少戎、狄、蛮、夷和华夏族错杂混居,不断融合,共同组成了后世的中华民族。

09 宋襄公之仁：理想很丰满，现实很骨感

人　　物：宋襄公
别　　称：宋兹甫、子兹甫
生 卒 年：？—公元前637年
出 生 地：宋国商丘（今河南省商丘市）
历史地位：春秋时期宋国第二十位国君。某些版本的春秋五霸之一

人物小传

在两次葵丘大会上，齐桓公结识了一位重要的朋友，那就是宋国的国君宋襄公。

宋襄公是个仁厚的君子，齐桓公对他一见如故，对他说：

"我上了年纪，不知道还能活多久。看得出来你是个诚实守信、言出必行的人，以后我若有万一，请帮我照拂一下我的太子吕昭！"

宋襄公拍着胸脯向他保证："您就放心吧！我一定不负您的所托。"

平定齐乱

齐桓公除了太子吕昭以外，还有五个儿子，他们都很有野心。齐桓公年老

的时候，他们为了争当太子，拉帮结派，将齐国搅和得一团混乱。

尤其是公子无诡，更是和易牙、竖刁这两个奸臣勾结到一起，势力很大。

没过多久，管仲、鲍叔牙先后去世，齐桓公也得了重病。他的五个儿子为了争夺君位，互相攻打，乱成了一锅粥，连齐桓公去世这样的大事都顾不上处理。

最终，公子无诡打败了其他兄弟，成为下一任国君，吕昭逃出国都。

"看来，想要夺回位子，只有去找宋襄公帮忙了。"太子吕昭想起父亲生前的嘱托，赶紧逃到宋国求援。

"他们真是太不像话了，我一定想办法帮你夺回国君之位！"宋襄公对吕昭说。

但宋国毕竟是个小国，军事实力比不上齐国。宋襄公就想效仿齐桓公那样，召集诸侯一起护送吕昭回国，帮吕昭讨回公道。

但是，很多诸侯在接到宋襄公的邀请以后，扔在一边置之不理，只有卫国、曹国、邾国三个小国表示愿意出兵相助。

最后，宋襄公率领四国军队一起向齐国进发，在齐国的一些大臣里应外合下，打败了吕昭的几个兄弟，让吕昭成功做了国君，也就是齐孝公。

因为这件事，宋襄公小有名气，宋国的地位也有所提高。

争霸闹剧

宋襄公在完成这件事后，心里也有了一些别的想法："齐桓公不就是因为拥立了周襄王，才赢得了诸侯的拥戴吗？现在我拥立了齐孝公，应该也差不多吧？"

抱着这样的想法，他试图像齐桓公一样南征北战，吞并一些更小的国家，成就属于自己的霸业。

只可惜宋国的底子实在太弱，诸侯对他并不买账。比起宋国，大家更愿意团结在老盟主齐国的大旗下，或者依附于新兴的强国楚国。

宋襄公却依然认不清自己的位置，见诸侯对自己不服气，就约诸侯开会，好把自己的盟主地位确定下来。

他先是给齐国和南方的楚国发了邀约，请他们来鹿上会盟。楚成王接到邀请后讥笑出声："世上竟有这等不自量力的人，我倒要去见识一下。"

对于宋襄公想成为盟主的想法，他的哥哥目夷也曾劝过他："你最好不要这么做，宋国是小国，争当首领是会惹来灾祸的。"

然而宋襄公却信心满满："我们虽然是小国，但比南方的楚国要得人心。大家怎么会不支持我们，而去支持楚国呢？齐国虽然强大，国君却是在我帮助下即位的，肯定不会和我抢。"

可事实正如目夷所说的那样，鹿上会盟时，齐国和楚国的国君见宋襄公一副理所当然发号施令的样子，心里非常不满。宋襄公对此不仅毫无觉察，反而得寸进尺，说："既然大家都不反对，那我宣布，等秋天的时候，叫上其他诸侯一起，大家到盂地再正式开一场大会，确定一下盟主的人选。并且，为了保证和平，谁都不能带军队。"

楚成王表面上没说什么，心里却默默打起了算盘，假装答应后回国去了。

宋襄公被抓

从那以后，宋襄公愈发嚣张，觉得自己真的成了诸侯之中的霸主，就像齐桓公一样。

他的所作所为，目夷看在眼里，非常担忧。

目夷反复劝谏说："有雄心壮志是好事，但总要看看我们的实力吧。以宋国现在的基础，学齐桓公称霸，大国怎么会允许呢？国君的欲望太过，恐怕要大祸临头了。"

但宋襄公固执己见，谁的劝告都不听。

一转眼，就到了秋天，宋襄公又要去和诸侯们开会了。

目夷见劝不动，就对他说："上一次您发号施令，楚国的国君就很不乐意。以防万一，您还是带上军队吧。"

"是我提出的不带军队，我怎么能出尔反尔呢？"宋襄公还是不听。

事情再一次被目夷猜中了——

宋襄公没有带军队，楚国却早就铆足了劲儿。

会上，楚成王又霸道又直接地对宋襄公说，"你们那么一个小国，还想当盟主？还是把位子让给我们楚国吧！"

"不可能！我们宋国虽然小，但比楚国正统得多，盟主应该由我来当！"宋襄公义正词严地说。

楚成王懒得和他争辩，直接大手一挥，提前埋伏好的楚国士兵就冲了出来，不费吹灰之力就把宋襄公抓住了。其他诸侯见状也不敢阻拦，楚成王直接将宋襄公带回楚国关了起来。这一关就是好几个月。

对于楚国的所作所为，诸侯都很不满。齐国和鲁国的国君出面调停，几个月后，宋襄公才被放回宋国。

宋襄公的仁义

可是，经此一事，他非但不吸取教训，反而看楚国更不顺眼，时刻想着报仇雪恨。

这次，他打算先拿郑国开刀。

一方面是因为郑国处于中原诸国和楚国之间，是攻打楚国的必经之路；另一方面是因为他当初被抓起来后，郑国见风使舵，公开拥护楚国做霸主。

目夷又开始头疼了，苦口婆心地劝说道："您还是再考虑一下吧！要是攻打郑国，楚国一定会派兵来救援，他们那么强大，我们很难打得过呀！"

"打不过也要打！我们是占理的那一方！"宋襄公非常固执。

果然，又像目夷所预料的那样，宋军还没到地方呢，郑国就向楚国求救。楚国接到消息后，没有直接去救郑国，而是发兵杀向宋国的本土。

要是他们灭了宋国，我以后去哪里呢？宋襄公只好从郑国撤兵，回头迎战楚国。

没过多久，宋军就与楚军在泓水沿岸相遇。当时宋军已先在泓水北岸布好阵势，而楚军正忙着过河。

"哎呀，真是个好机会！"目夷说，"楚军人多，我们人少，应当趁他们未渡完河时进攻，一定能大获全胜！"

"打仗就要面对面，偷袭别人算什么英雄好汉！"宋襄公拒绝了，"我们是仁义之师，还是等他们过完河再说吧。"

目夷虽然着急，但宋襄公才是军队的最高统帅，他也不好反对宋襄公的指令。就这样，宋军又等了好一会儿。

好不容易等楚军过完河，宋军又要等楚军列阵。目夷觉得这个时候开战，宋军应该也有胜算，实在忍不住，又向宋襄公提出了建议。

"这不是不讲规矩吗？就算打赢了传出去也不好听，还是等他们排好阵势后再开打吧。"宋襄公再次拒绝了目夷的建议。

等到楚军排好阵势后，宋军马上发动攻击。然而，宋军人数比不过楚军，一点优势都没有，很快就被打败了。就连宋襄公自己也被射伤了大腿，不得不退到后方去养伤。

消息传回宋国，国人都唉声叹气："要不是因为国君瞎指挥，浪费了好几

次机会，我们怎么可能会输呢？"

然而宋襄公却坚定地说："君子不能乘人之危，所以我们不能攻打还没有完成排兵布阵的楚军。无论到什么时候，都不能不讲道理！"

目夷反驳说："打仗要的就是赢，何必讲那些空洞的道理呢？您如果还是坚持这样的想法，我们是不可能打赢楚国的。"

然而，宋襄公觉得自己虽然吃了败仗，却坚持了心中的仁义，没什么好羞愧的。

宋襄公始终都是这样讲"仁义"的人。不久之后，晋国公子重耳逃难时经过宋国，他虽然看上去非常落魄，但宋襄公依然对他以礼相待，非常客气。

《史记》原典精选

冬,十一月,襄公与楚成王战于泓。楚人未济,目夷曰:"彼众我寡,及其未济击之。"公不听。已济①未陈②,又曰:"可击。"公曰:"待其已陈。"陈成,宋人击之。宋师大败,襄公伤股。国人皆怨公。公曰:"君子不困人于厄,不鼓不成列。"

——节选自《宋微子世家第八》

【注释】

❶济:渡河。 ❷陈:通"阵",排列战斗队形。

【译文】

这年冬季的十一月,宋襄公与楚王在泓水作战。楚军还没有渡完河,目夷说:"楚国的军队多,而我们的军队少,应当趁他们未渡完河时进攻。"襄公不听。等到楚军渡过河但还未排好阵势时,目夷又说:"现在可以进攻了。"襄公则说:"等他们排列好阵势后我们再攻打。"楚军排好阵势后,宋军才发起攻击。结果宋军被打败,襄公的大腿受了伤。宋国人都怨恨襄公不及早发动进攻。襄公却说:"君子不能乘人之危,所以我们不能攻打还没有排好兵布完阵的楚军。"

会盟到底有多重要?

春秋时期,诸侯经常会盟。会盟顾名思义,就是诸侯之间会面和结盟的仪式。一般来说,会盟由比较强大的国家发起,这个发起的诸侯也会成为盟主。最初,会盟还披着一层"尊王攘夷"的外衣,后来,随着周天子的日渐衰微,会盟彻底演化为诸侯国之间争夺霸主地位的活动。

10 骊姬乱晋：一场废长立幼的闹剧

人　　物：骊姬
别　　称：丽姬
生 卒 年：不详
出 生 地：骊戎
历史地位：晋献公的妃子

人物小传

晋国的公子为什么会逃亡来到宋国呢？

和前面我们讲到的很多诸侯国一样，也是因为内乱。

确切地说，是因为骊姬之乱。

从关系上来说，骊姬是重耳的后妈。她恶毒又有心机，对重耳很不好。不过，就算没有她的挑拨，重耳的父亲晋献公对重耳也称不上善良。他这辈子最担心的事情，就是有人会抢走他国君的位子，素有贤名的重耳可以说是他的头号眼中钉。

说起来，晋献公本来就得位不正。他们这一支原本只是曲沃城的贵族，要不是他父亲晋武公硬抢，根本轮不到他们做国君。

也正因此,晋献公一上位,就对晋国原本的宗室后代痛下杀手。

疏远亲子

不仅如此,他对自己的儿子们也很防备。

晋献公和齐桓公的女儿齐姜生了太子申生,和一对白狄族的姐妹生了重耳和夷吾。儿子们渐渐长大,具备了贤名与德行。晋献公生怕他们对自己的位子有想法,渐渐疏远了他们。

骊姬很好地利用了这一点。

骊姬是晋献公后来才娶的夫人,她和她妹妹本来是骊戎的女子,骊戎被晋国打败后,她和妹妹被献给了晋献公。后来,姐妹二人分别为晋献公生下奚齐和悼子。

骊姬很得宠,这也让她生出了一些想法:

太子申生的母亲已经去世了,我还活着,如果我努力一下,我儿子取代申生做太子,也不是没有可能吧?

骊姬这样想着,就开始使出浑身解数,在晋献公耳边说申生三兄弟的坏话。

日复一日,晋献公看他们越来越不顺眼,最终找了个镇守边境的理由,把三个儿子都安排到地方上居住,离都城远远的。

刚巧那时候,晋国正在开疆拓土,急需能征善战的人才。

骊姬觉得可以让公子们都上战场,这样说不定就能死在战场上了。她对晋献公说:

"您不是需要能领军的人才吗?太子就是这样的人才呀!"

晋献公听了她的话,征讨霍国、魏国及耿国时,就让太子申生率领下军。

申生在战场上如鱼得水，不仅没有如骊姬所愿死在战场上，还带领军队打了不少胜仗，立下汗马功劳，在大臣和民众之间赢得了好名声。

然而，这也让晋献公更加忌惮了，他在太子申生得胜归来后，给申生授予了爵位，禄位也提到了最高，这明显就是不准备再将申生当作国之储君的意思。太子身边的人都开始着急了，劝他早日逃离，以免惹祸上身。可惜那个时候申生对父亲还抱有希望，没有听从。

计杀申生

骊姬见申生的名声越来越好，心里也渐渐不安。

恰逢此时，晋献公私下里对骊姬透露说："我打算废掉太子申生，让奚齐做太子。"

骊姬一听，这不是想什么来什么吗？但她也害怕自己和儿子引起晋献公的忌惮，就假意哭着推辞说："太子早已确立，这是诸侯们全都知道的事情。况且太子屡次统率军队，立下大功，大臣和民众也都很拥戴他，怎么能因为我就废掉嫡长子而立庶子呢？国君您如果一定要这么做，我只能自杀了。"

骊姬这哪是夸赞太子啊，这是在晋献公面前给太子"上眼药"呢！

晋献公见她没有要为儿子争太子之位的打算，心里很满意。另一方面，心里对太子愈发不满了：我还没死呢，大臣和民众就开始拥戴你了？

而骊姬也开始了暗中派人诬陷太子的行动。

一天，骊姬对申生说："昨天晚上，国君梦见了你故去的母亲，你快点去曲沃城祭祀一下她吧！回来的时候别忘了把祭祀用的胙肉也带回来一些，献给国君。"

申生毫无防备，照着她说的做了。

但他回来的时候，晋献公刚好出去打猎不在宫里，骊姬对申生说："你就把胙肉放在我这儿吧，等国君回来我会提醒他吃的，不会辜负了你的一片孝心。"

等申生一走，骊姬就让人在胙肉里下了毒，假装是申生下的毒。

第二天，晋献公回来后，侍从端出胙肉来给晋献公吃，骊姬连忙劝阻道："这是从远方带回来的胙肉，您应该测一下有没有毒再吃。"

这一测，就测出了问题。

"太子怎么能这样对您呢？您可是他父亲啊！

"为了早日继承国君之位，他连自己的亲生父亲都想杀害，这实在是太残忍了。

"何况国君您已经老了，还能活多久呢？太子这么做，难道是他觉得，您最近太过宠爱我，会废掉他立我儿子奚齐做太子吗？如果真是这样，那就是我们母子连累您了。您还是趁早把我们赶走，或者干脆杀死吧！

"当初国君打算废掉太子，我还觉得遗憾。到了今天，我才意识到自己想错了。"骊姬哭哭啼啼地说，每说一句，晋献公的火气就大一分，直接命人去捉拿申生。

太子听说后，连忙逃到新城去。晋献公没有捉到太子，就将太子的老师杜原款杀死了。申生见自己连累了老师，也没办法证明自己的清白，难受地自杀了。

因为申生的事，重耳和夷吾来求见晋献公，语气中对进谗言的骊姬很是不满。骊姬害怕留着他们早晚也是祸患，就又对晋献公说："他们三个平时关系那么好，申生往胙肉里下毒的事，这两位公子事先不可能不知道。然而他们却没有提前告诉您，说不定也在打什么主意呢。"

晋献公一听，马上派人去抓重耳和夷吾。重耳和夷吾听到消息后，赶紧逃出晋国。

晋献公对重耳和夷吾不辞而别十分生气，更加确信他们与太子早有预谋，派出重兵前去追杀他们，重耳和夷吾自此开始了流亡生活。

《史记》原典精选

太子于是祭其母齐姜于曲沃,上其荐胙①于献公。献公时出猎,置胙于宫中。骊姬使人置毒药胙中。居二日,献公从猎来还,宰人上胙献公,献公欲飨②之。骊姬从旁止之,曰:"胙所从来远,宜试之。"祭地,地坟;与犬,犬死;与小臣,小臣死。

——节选自《晋世家第九》

【注释】

① 胙:胙肉,祭祀用过的肉。 ② 飨:通"享",享用,食用。

【译文】

太子于是赶往曲沃去祭祀母亲齐姜,回来后把祭祀时使用的胙肉献给了晋献公。献公当时外出狩猎去了,太子就把胙肉放在了宫中。骊姬派人在胙肉中下了毒。两天后,献公打猎回来了,厨子把胙肉献给献公,献公正打算要吃。骊姬在旁边劝阻道:"胙肉是从很远的地方送来的,您应该试一试有没有毒然后再吃。"于是把胙肉倒到地上,地面立马鼓了起来;把肉给狗吃,狗吃后马上死了;把肉给宦臣吃,宦臣也当场毙命。

有趣的分胙肉

胙肉,就是祭祀用过的肉,也叫福肉。古人认为,祭祀过后的胙肉上留有祖先的庇佑和福气,故而会把胙肉分给大家吃,这叫"分胙",也叫"散福"。

帝王在祭祀之后也将所用之肉赐赏给大臣,是对大臣身份地位的肯定和奖励。相传,孔子在鲁国做官时,就曾经因为祭祀后胙肉迟迟没发给自己而生气,认为自己没有享受到应有的尊重和待遇。

11 晋献公假途灭虢：谁信我，谁就输了

人　　物：晋献公
别　　称：姬诡诸、晋诡诸
生 卒 年：？—公元前651年
出 生 地：曲沃（今山西省闻喜县）
历史地位：春秋时期晋国第十九任君主，晋国霸业的奠基者

人物小传

　　害死了申生，逼走了重耳和夷吾以后，骊姬总算放心了一点。虽然晋献公暂时还没把她的儿子奚齐立为太子，但这是早晚的事儿。

　　扫清了对自己位子的潜在威胁者，晋献公也放心了。他开始考虑外面的事——彻底消灭掉碍眼的虢国。

假途灭虢

　　晋献公与虢国的恩怨由来已久。

　　早在他即位的第九年，处理晋国原本的宗室后代时，就和虢国结下了梁子。晋国王室的几个公子逃到了虢国避难，虢国国君不仅收留了他们，还以晋献公

残杀晋国同宗手足、不行仁义为名，出兵讨伐晋国。

只不过虢国实力比不上晋国，没有打赢。

一年之后，晋献公准备讨伐虢国的时候，他手下的士蒍（wěi）劝他说："虢国国君为了帮他人出头不顾自己百姓的死活，迟早会失去民心。不如您暂且等等，他们自己就会爆发祸乱。"

晋献公这才暂时放弃找虢国算账。

九年之后，晋献公准备充分，打算一举灭掉虢国，但晋国和虢国之间还夹着一个虞国，不好直接出兵，晋献公找群臣商议对策。

"早些时候我爷爷庄伯、我父亲武公平定晋国内乱时，虢国就常常和他们作对，还收留了逃亡的公子，这些人留在虢国终将作乱。不铲除干净，将会给我的后代子孙留下隐患。我晋国如今兵强马壮，足以发兵讨伐虢国，各位可有什么好计谋？"晋献公开口问道。

大臣荀息说："虞国的国君贪财，你不如送他些奇珍异宝，让他同意借道给我们通过去讨伐虢国。只要给得足够多，不怕他不同意。"

"这些可都是我的宝贝，我才不愿意便宜他呢！"晋献公非常舍不得。

荀息劝他说道："这不过是权宜之计。等我们灭了虢国，大可以转过头来再把虞国灭了，到时候这些宝贝不就又回到您的手中了吗？"

晋献公一听，是这个道理，总算同意了。

于是，荀息带上大量奇珍异宝去向虞国商量借道，其中还有一匹晋献公特别喜爱的产自屈地的良马。虞国国君见了，果然万分欣喜，同意大开边境城门让晋国大军通过，直达虢国。晋国军队势如破竹，

攻下虢国的下阳城后满意而归。

又过了三年，晋献公解决了申生、重耳和夷吾对自己王位的威胁后，又惦记上了攻打虢国的事。

他让荀息再次带上奇珍异宝去找虞国国君商量借道。

其中有一块产自垂棘的玉璧,实在是太美了。一想到自己即将成为它的主人,虞国国君恨不得马上答应晋国的请求。

虞国国君欣喜地将珍宝展示给大臣们看,还自得地说:"晋国为了借道,实在是太有诚意了。"

大臣宫之奇却觉得这事很不对劲,开口劝说道:"您还是不要高兴得太早,我觉得这次不能借了。如果借道给晋国,他们灭了虢国以后,很有可能会把我们虞国也灭了。"

"怎么可能呢?"虞国国君不以为意地说,"晋国和我们是同姓国,关系这么近,不会谋害我们的。"

"关系近又能说明什么呢?虢国和他们的关系也很近啊,他还不是说打就打,又怎会爱惜虞国呢?晋献公与原来的晋国王室关系也很近啊,晋献公的父亲还不是灭了他们上位,晋献公还不是对他们赶尽杀绝?"宫之奇还是坚持自己的看法。

"虢国就是因为收留了原来晋国宗室的后代,这才惹到了晋献公。我们又没有什么事惹到他,他不会打我们的。"虞国国君说。

"无论如何,晋献公都不是一个心慈手软的人。"宫之奇说,"我们虞国与虢国比邻而居,就像牙齿与嘴唇的关系一样。虢国这个嘴唇没有了,我们虞国就会像是没了嘴唇保护的牙齿一样危险,又能存在多久呢?"

然而,虞国国君根本无心听宫之奇讲道理,最终还是借道给晋国。宫之奇见状,率领族人离开了虞国。

这一年的冬天,晋国攻下虢国国都上阳城,虢国灭亡,虢公丑逃到了周的都城洛邑。

再灭虞国

晋军班师回去的途中，还把从虢国抢回来的财物分给了虞国一大部分。

虞国国君更加高兴了："看吧，我就说借道给他们没错吧。"

晋国领军的将领里克趁机对虞国国君说："我生了病，暂时没法带兵回国。能不能让我暂时留在你的都城里养病一段时间？"

"当然没问题。"虞国国君满口答应。

没过两天，虞国国君出去打猎，万万没想到，等他回来的时候，不仅都城被里克带兵攻占了，其他地方的城池也相继失守。

直到这时他才明白过来，里克根本没生病，一切都是骗他的。

占领虞国后，荀息牵着曾经送给虞国的屈地良马，捧着玉璧，喜笑颜开地对晋献公说："您看，这些宝贝不是又回到您的手里了吗？"

"这倒是不错。"晋献公心情非常好，却故意打趣似的叹了口气，说，"玉璧还是原来的玉璧，可惜良马已经老了几岁，不是原来的良马了。"

被抓起来的虞国国君听了后悔不已。

《史记》原典精选

"虞之与虢,唇之与齿,唇亡则齿寒。"虞公不听,遂许晋。宫之奇以其族去虞。其冬,晋灭虢,虢公丑奔周。还,袭灭虞,虏虞公及其大夫井伯、百里傒①以媵②秦穆姬,而修虞祀。荀息牵曩③所遗虞屈产之乘马奉之献公,献公笑曰:"马则吾马,齿亦老矣!"

——节选自《晋世家第九》

【注释】

① 百里傒:即百里奚。 ② 媵:陪嫁。 ③ 曩:以前,过去。

【译文】

"虞国与虢国的关系,就好像是嘴唇和牙齿的关系,嘴唇没有了,牙齿就会受冻。"虞公没有听从宫之奇的劝说,答应了晋国的请求。宫之奇带领着他的族人离开了虞国。这年冬季,晋国灭掉了虢国,虢公丑被迫逃奔周的都城。晋军在返回途中,乘机攻袭并灭掉了虞国,俘获了虞公以及大夫井伯、百里奚,将他们作为献公女儿穆姬的陪嫁,但并没有废黜虞国的祭祀。荀息把献公从前赠给虞国的屈邑良马归还给了献公,献公笑着说:"马仍然是我之前的马,只是已经老了。"

玉璧

玉蕴藏于山川之中,被古人认为是山川的精华,富有灵性。早在原始社会时期,人们就会把玉做成装饰品佩戴在身上。

玉璧是一种扁圆形、中部有孔的玉器,在中国古代玉文化中一直占据着十分重要的地位。春秋时期,玉璧除了用于日常佩戴外,还有了祭祀、随葬或作为信物等多种用途,大多为白色或者青色。而春秋时期晋国的垂棘是盛产美玉的地方,后来"垂棘"也成了美玉的代名词。

12 羊皮换贤：史上最划算的买卖

人　　物：百里奚
别　　称：百里子、百里傒、五羖大夫
生 卒 年：约公元前725—公元前621年
出 生 地：虞国（今山西省运城市平陆县北）
历史地位：秦国名相，帮助秦国称霸西戎

虞国被灭后，晋国不仅拿回了良马和玉璧这两样宝贝，还抓了很多虞国的大臣回去，其中就有一个叫百里奚的。

结识蹇（jiǎn）叔

百里奚是虞国人，很有才能。但他从小家里就很穷，没有出人头地的渠道，学了一些本事之后，就开始去各国游历。然而，去了很多个国家，都没有得到机会。在齐国时，更是陷入穷困潦倒的境地，需要靠沿街乞讨才能维持生存。幸而，他被一个叫蹇叔的人收留，才总算没被饿死。

蹇叔也是来齐国游历的，很有见识，两人一番高谈阔论后，结为知己。

蹇叔还帮了百里奚不小的忙。

当时，齐国的公孙无知刚刚杀死齐襄公执掌大权，急需人才前去辅佐。百里奚听说后，就想去试一试。可蹇叔却觉得，公孙无知犯上作乱，不可能长久，拦住了百里奚。

果然，没过多久，公孙无知就被杀了，百里奚逃过一劫。

后来，百里奚听说周天子的儿子姬颓喜欢斗牛，想到自己恰好擅长养牛，就去了周朝的都城。姬颓见识过他的本事后，非常高兴，打算重用他。可百里奚很快又被蹇叔劝阻了。因为蹇叔觉得，姬颓身边围绕的都是些小人，早晚也会出事。

果然，没过多久，姬颓发动叛乱，失败后也死了。

经历了这一系列事情的百里奚非常沮丧："哪里都没机会，要不我还是回虞国吧。"

"也行。刚好我有个朋友叫宫之奇，正在虞国做官。我可以介绍你们认识，让他把你推荐给国君。"蹇叔一路把百里奚送回虞国，还跟他们一起面见了国君。

羊皮换贤

但见过虞国国君之后，蹇叔又想阻拦百里奚入仕。因为他觉得虞国国君贪图财利，跟着他做事也长久不了。但百里奚穷困久了，急需找份营生，也就没有听从蹇叔的劝告。

果然，没过几年，虞国就因为国君贪图晋国的珍宝而灭国，百里奚也作为俘虏被抓到晋国。回忆往事时，百里奚追悔莫及："要是我当初听了蹇叔的话，哪还会有今天的事呢？"

百里奚在晋国成了奴隶，后来秦穆公向晋献公求娶他的女儿，百里奚成了陪嫁的一部分，即将被送到秦国去。

去秦国的途中，百里奚找了个机会逃跑。本来嘛，队伍里少了一个人，也不是特别显眼。但百里奚在逃跑的途中，被楚国守边的士兵捉住了。楚国人问清了他的身份，就派人去通知秦穆公。

秦穆公一听说这个人叫百里奚，一下子就高兴了起来。因为他早就听说百里奚是个很有本事的人，马上就想花重金把百里奚赎回来辅佐自己。

但随即他就打消了这个念头。

"他现在名义上只是一个陪嫁奴隶，如果用太高的价钱去赎，楚国肯定会觉得奇怪。到时候不肯放人或是狮子大开口，那就麻烦了。"

想来想去，秦穆公最终提出了用五张黑羊皮换回百里奚的方案，这在当时差不多就是一个奴隶的正常价格，楚国国君没多想就答应了。

秦穆公亲自去见百里奚，和他探讨治理国家的办法。

百里奚心灰意冷地说："我是亡国的臣子，还有什么资格和您探讨这个问题呢？"

秦穆公却一脸坚定地告诉他："虞国国君不重视您，因此才亡国，这不是您的罪过。我非常敬佩您的本事，还请您不吝赐教。"

百里奚见他是真的很有诚意，也很重视自己，这才开口。两人探讨了整整三天，秦穆公喜出望外，任命百里奚为大夫，请他来帮忙处理秦国国政。因为百里奚是用五张黑羊皮换回来的，所以也被称为"五羖（gǔ）大夫"。

百里奚见秦穆公这么礼待自己，也是真的很想壮大秦国，就向他举荐了好

友蹇叔：

"蹇叔比我厉害多了，只是没人发现而已。我曾两次听从蹇叔的劝告，两次脱险；只有一次没有听从，偏就碰上了虞国的灾难。由此可见，他是个很有远见和才能的人。"

百里奚一五一十地讲了自己和蹇叔的故事。秦穆公听完后，立马派人带着厚礼去请蹇叔。蹇叔于是来到秦国，和百里奚一起成为对秦国发展至关重要的大臣。

《史记》原典精选

缪公①闻百里奚贤,欲重赎之,恐楚人不与,乃使人谓楚曰:"吾媵臣②百里奚在焉,请以五羖③羊皮赎之。"楚人遂许与之。当是时,百里奚年已七十余。缪公释其囚,与语国事。

——节选自《秦本纪第五》

【注释】

① 缪公:即秦穆公。 ② 媵臣:古代随嫁的臣仆。 ③ 羖:黑色公羊。

【译文】

秦穆公听说百里奚贤能,想要用重金把他赎回,又害怕楚国人不同意,于是派人对楚国人说:"我国陪嫁的奴隶百里奚在楚国,请让我国用五张黑羊皮把他赎回来。"楚国人就同意把百里奚交给秦国了。在这个时候,百里奚已经七十多岁了。秦穆公将他释放,和他探讨治理国家的问题。

春秋五子

春秋时期,诸侯称霸的乱世中,贤臣良将也纷纷组团出道。

辅佐晋文公重耳称霸的五位大臣——赵衰、狐偃、贾佗、先轸(zhěn)、魏犫(chōu),被称作"晋国五贤士"。李斯在《谏逐客书》中,将由余、百里奚、蹇叔、丕豹、公孙支这五位辅佐秦穆公称霸的大臣称作"秦国五子"。

无独有偶,齐国的管仲、鲍叔牙,还有另外三位辅佐齐桓公称霸的大臣隰朋、宁戚、宾须无被称作"齐国五子"。

13 荀息尽忠：用生命为自己说过的话负责

人　　物：荀息
别　　称：姬黯、原黯、原氏黯、荀黯
生 卒 年：？—公元前651年
出 生 地：晋国
历史地位：晋国的相国，为人忠诚，足智多谋

人物小传

晋献公把女儿嫁到秦国以后，自己年纪也大了，身体越来越不好。病重的时候，他对荀息说：

"我打算立奚齐为继承人了。

"但奚齐还这么小，大臣们会不会不服他？

"原来的太子申生虽然死了，但重耳和夷吾还在外面流亡。他们知道奚齐做了国君，会不会回来抢奚齐的位子？"

晋献公对奚齐非常放心不下，就接着问荀息："如果他们真的这样做了，你能保证坚定不移地支持奚齐吗？"

"当然可以。"荀息说。

"你拿什么保证呢？"晋献公追问。

"即使您死而复生，也不会后悔将奚齐托付给我，这个就是我对您的承诺。"荀息认真地回答。

"既然如此，那等我死后你就暂时替他管理国家吧，直到他能独立处理国事。"晋献公交代。

"您就放心吧。"荀息说。

没过多久，晋献公就病死了，奚齐即位，荀息做了辅政大臣，兢兢业业主持国政。

撞柱而死

如果晋国一直在荀息的掌控之下，倒也可以平安无事。可是，没过多久，骊姬又出来添乱。

"我儿子既然做了国君，那些曾经帮助过我们母子的人，自然也要受到封赏。"在她的授意下，这些人很快受到提拔，渐渐掌握了权力，甚至开始插手军权。

"晋国的军权一直是我们的，凭什么分给他们？"里克对此非常不满，就去找一个叫丕郑的将领商量对策。

"我也不乐意分，早就看他们不顺眼了。要不是他们，太子申生怎么会被害死呢？"丕郑也很生气。

"没错，给太子报仇的时候到了！"里克听他说起申生就更来气了，他可是申生的拥护者。

两个人商量到最后，决定花重金收买一个勇敢的大力士，让他趁着给晋献公办丧事的机会，混到晋国国君的卫队里，在灵堂上刺杀奚齐。

所有人都没有防备,奚齐就这样死了。荀息非常无奈,他心里十分清楚,这一切都是里克和丕郑搞的鬼,但也无力改变什么,只想随幼主而去。

正在这时,骊姬赶了过来,她虽然也很伤心,但马上有了新的想法。只听见她劝荀息道:"国君的灵柩还没有安葬,您就准备撒手不管了吗?奚齐虽然死了,可国君的小儿子悼子还在呀!"

荀息听从了骊姬的劝告,又立了悼子为国君。至于里克和丕郑二人,考虑到他们是非常重要的将领,在晋国根深蒂固,荀息也不敢轻易动他们,只是惩罚了当值的侍卫。

悼子是骊姬妹妹的儿子,只有九岁,对申生的事情几乎一无所知,但还是因为自己的身份,很快被里克和丕郑害死了。

荀息见自己有负晋献公之托,直接撞柱而死。里克和丕郑见状,干脆一不做二不休,将骊姬也逼死了。

迎回夷吾

铲除了骊姬势力后,里克和丕郑暂时掌握了晋国的国政。

"太子的仇总算报完了。国不可一日无君,接下来该让谁做国君呢?"

里克和丕郑一商量,决定请重耳回国。

重耳现在在哪里呢?

在白狄。

重耳的母亲就来自白狄。她嫁给晋献公的时候,父亲狐突让她的两个兄弟狐毛、狐偃跟着一起来到了晋国。重耳被诬陷时,狐突一得知消息,就建议重耳去白狄的地盘,并让狐毛和狐偃一路护送。

除了舅舅们,跟重耳一起逃亡的还有四位好友——赵衰、贾佗、先轸和魏犨,他们后来和狐偃一起被称作"晋国五贤士"。在他们的保护下,重耳在白狄还算顺利。

里克和丕郑派人来请重耳的时候,重耳已经快五十岁了,并且早就在白狄娶妻生子,过上了稳定的生活。尽管他也很想做国君,但和亲信们一商量,觉得现在回去需要面临的局面过于凶险,搞不好还会丢掉性命,就婉言谢绝了。

里克见此情形,只得接受别人的意见,去接另一位公子夷吾回国即位。

夷吾又在哪里呢?

在梁国。

他的母亲也是白狄人,最初他也想过逃到白狄去。但身边的人劝他说:"重耳已经逃去那里了,如果你也去了,晋国为了抓到你们一定会攻打白狄。白狄不是晋国的对手,肯定会把你们交出去。咱们不如去梁国。梁国虽小,却挨着强大的秦国。看在秦国的面子上,晋国也不会轻易动梁国。到了梁国之后,您还能趁机和秦国搞好关系，说不定以后可以借助他们的力量回到晋国。"

夷吾觉得这人说得有理，就带了一众手下逃到了梁国。梁国国君不仅热情地接待他，还把女儿嫁给了他。

在听说晋国的大臣要来接自己回国即位的消息后，夷吾非常开心。

但追随他的吕省、郤芮（xì ruì）等人却对他说："国内也不是没有公子可以即位，他们却千里迢迢到外地来找其他公子，他们说的话真假很难让人相信。我们不如去请强大的秦国帮忙，护送您回到晋国，否则恐怕会有危险。"

于是，夷吾派郤芮用厚礼贿赂秦国，并对秦穆公立下誓约说：

"如果您支持我，派兵护送我归国，我即位后马上送给您八座城作为谢礼。"

秦穆公想了想，觉得这是个不错的条件，非常痛快地答应了。就这样，在秦国军队的护送下，夷吾回到晋国，顺利即位，也就是后来的晋惠公。

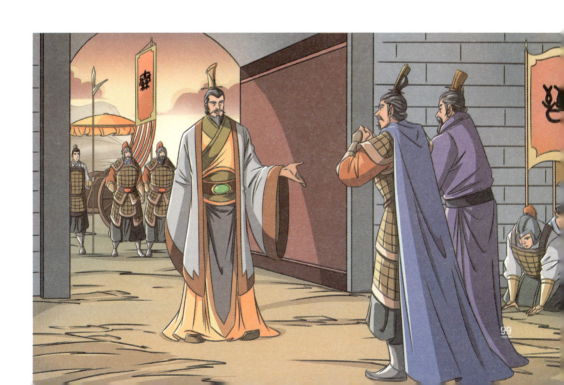

《史记》原典精选

十月,里克杀奚齐于丧次①,献公未葬也。荀息将死之,或曰不如立奚齐弟悼子而傅②之,荀息立悼子而葬献公。十一月,里克弑悼子于朝,荀息死之。君子曰:"《诗》所谓'白珪之玷,犹可磨也,斯言之玷,不可为也',其荀息之谓乎!不负其言。"

——节选自《晋世家第九》

【注释】

❶丧次:守丧之处。次,处所。 ❷傅:辅佐。

【译文】

十月,里克在晋献公停灵治丧的地方杀了奚齐,当时晋献公还未下葬。荀息想为此而死,有人劝他说不如拥立奚齐的弟弟悼子并辅佐他,于是荀息便拥立悼子并安葬了晋献公。十一月,里克在朝堂之上杀了悼子,荀息因此而自杀了。君子说:"《诗》中所说的'白玉如果有了污点,还能够磨掉,可是许下的诺言要是错了,那就没办法更改了',说的便是荀息这样的人吧!他至死都没有违背自己许下的诺言。"

秦晋之好

秦穆公当政时期,秦国曾数次与晋国联姻。秦穆公自己娶了晋献公的女儿穆姬,后来又把秦国宗室女子嫁给了晋怀公和晋文公。秦穆公之所以这么做,很大程度上是为了加强秦晋两国的友好关系。秦晋两国也确实在一段时间里保持了良好的关系。秦晋联姻虽带有很强的政治色彩,但"秦晋之好"却被传为千古美谈。后世常用"秦晋之好"来代指两家联姻的关系。

14 晋惠公毁诺：偷鸡不成蚀把米

人　　物：晋惠公
别　　称：姬夷吾、晋夷吾
生 卒 年：？—公元前637年
出 生 地：晋国绛（今山西省翼城县）
历史地位：晋文公之弟，春秋时期晋国第二十任君主

人物小传

然而，晋惠公即位后却接连食言，可谓是将言而无信进行到底。

"里克和丕郑先派人去请的重耳，说明他们不是特别拥护我。更何况，他们接连杀了奚齐和悼子，说不定什么时候也会对我下手。"

晋惠公这么想着，不仅对之前答应给里克和丕郑的土地只字不提，还毫不留情地杀了里克。

之后，他将丕郑派去了秦国。

"你去代我向秦王道歉。我虽然答应给他们八座城，但大臣们不同意，他们说土地是先君的土地，不可以随意割让，我也没有办法。"

丕郑使秦

承诺好的事情就这么不算数了,丕郑很清楚,秦穆公一定会为此非常不开心,说不定一气之下还会杀掉自己。晋惠公交给自己这个任务,分明没安好心。

于是,他到秦国后就赶紧对秦穆公说:"他出尔反尔,太过分了。本来我和里克就不想让他做国君,民众也更拥护重耳。不如您再把重耳送回去取代他吧。"

秦穆公对晋惠公的所作所为也非常生气，就让丕郑回到晋国，暗中准备改立重耳。但晋惠公早有准备，没多久就杀了丕郑。幸亏他儿子丕豹跑得快，逃到了秦国投奔秦穆公，这才逃过了一劫。

"大家都不拥护他，您快去派兵攻打晋国呀！"丕豹对秦穆公说。

秦穆公知道，丕豹不过是想报杀父之仇，并非真为秦国着想。因为当时的晋国并没有乱到不可收拾的程度，晋国的民众并非真的那么不拥护晋惠公，秦国这个时候打晋国，不一定能捞到好处。于是没有听从丕豹的劝告。

但他觉得，从个人能力的角度来看，丕豹的确是个人才，因此就把他留在身边加以重用。

粮食风波

过了一段时间，晋国发生旱灾，饿死了很多人。晋惠公无奈之下派人到秦国购买粮食。

丕豹借着这个机会，又劝秦穆公发兵去打晋国，但百里奚却认为现在还不是时候，而且是晋惠公得罪了秦国，晋国的百姓有什么罪过呢？

秦穆公也觉得百里奚的话很有道理，最终没有发兵，还把粮食卖给了晋国。

万万没想到，晋惠公得了粮食，解了燃眉之急，又做出了更加忘恩负义的事——

没过两年，秦国遇到了饥荒，向晋国购买粮食，晋惠公非但不卖，反而派大军浩浩荡荡地来打秦国。

"没想到他竟是这样的人！"秦穆公非常生气，亲自带着丕豹和众多将领前去迎战。

活捉晋惠公

双方在韩原展开战斗。

"看我不把你抓回去!"晋惠公见秦穆公亲自上阵,竟然脱离了大部队,径直向秦穆公冲来。

"谁把谁抓回去还不一定呢!"秦穆公咬牙切齿地说着,也指挥着自己的战车冲了过去。

只见两辆战车飞快地驶向对方,还差几百米就要撞到一起。

突然,晋惠公的马车在转弯的时候陷入了泥潭当中,无法动弹。

"这可是个好机会!"秦穆公见状,准备活捉晋惠公。

但晋军一看晋惠公的车出了问题,马上派了一大群人前来护卫。秦穆公非但没有抓住晋惠公,反而被晋军困住了。

"这可怎么办才好?"秦穆公非常慌张。在晋军的围攻下,他受了好几处伤,就在他以为自己快要丧命时,不远处传来了振奋人心的喊杀声。

"冲啊!""杀啊!"

秦军队伍里突然冲出来三百勇士,个个勇猛无比,像怀着必死的决心那样,驾着战车一路奋勇向前,冲进了晋军的包围圈,解除了秦穆公的困境。

他们为什么这么拼命?因为秦穆公是他们的恩人。

原来,秦穆公在岐山附近有一片牧场,里面养了很多马。有一次,几匹马走丢,来到一个村子里。当时的村子正在闹饥荒,人们饿得头晕眼花,见这几匹马没有主人跟着,还以为是哪里来的野马,就把它们抓起来吃了。

过了几天,管理牧场的官员找到了村子里,见村民们吃了马,担心秦穆公怪罪，就把全村人都抓了起来。

秦穆公听说了这件事后，非但没有怪罪村民，反而豁达地说："马就算再名贵也没有人命重要，何必为了它们杀人？说到底，会发生这样的事，还不是怨我这个国君没能让民众吃饱？这些马就算是为我代劳了。只不过，我听说只吃马肉不喝酒对身体不好，那不如就再赏赐给他们一些好酒吧！"

村民们在知道自己吃的是国君的马时，都以为自己必死无疑。没想到，国君非但赦免了自己，还赏赐了好酒，他们从此对秦穆公非常感激。也正因此，听说晋国来打秦国时，他们都要求跟着去。

这些人的确非常勇敢，看到秦穆公处境困窘时，全都不顾生死地争相冲锋，只为了报答秦穆公宽恕他们吃马肉的恩德。没过多久，他们就冲散了晋军，不仅成功救出了秦穆公，还活捉了晋惠公。

"当初要不是我派兵护送他回去,他怎么能当上国君呢?要不是我卖粮食给他,晋国怎么能顺利度过饥荒呢?我对他这么好,他是怎么对我的?不仅出尔反尔,还趁着我秦国闹饥荒,带兵来打我!"秦穆公越想越生气,放出话去,要用晋惠公来祭祀天帝。

周天子听说后,派人来劝秦穆公:"他怎么说也是我同姓诸侯,看在我的面子上,还是不要处死他吧。"

秦穆公的夫人是晋惠公的姐姐,她哭闹着对秦穆公说:"他无论如何都是我的弟弟。你要是真的杀了他,我和孩子们也不活了!"

秦穆公虽然生气,但一看周天子和自己的夫人都为晋惠公求情,也不得不放弃原来的打算。他同意放了晋惠公,也同意与晋国结盟,但对晋惠公提出了三个条件:

第一,把之前说好的八座城给秦国;第二,把晋国太子圉(yǔ)送来秦国做人质;第三,把原来住在秦国附近的陆浑戎迁到晋国去。

晋惠公自然是满口答应了。虽然捡了条命回国,但晋惠公偷鸡不成蚀把米,总算老实了不少。

强大的秦国惹不起,晋惠公又惦记上了自己的大臣和流亡在外的兄弟重耳。他可没有忘记他的大臣们联合秦穆公想要拥立重耳的事,非常担心重耳抢走自己的位置,于是频繁派人去白狄追杀重耳。

《史记》原典精选

　　九月壬戌，与晋惠公夷吾合战于韩地。晋君弃其军，与秦争利，还①而马鸷②。缪公③与麾下驰追之，不能得晋君，反为晋军所围。晋击缪公，缪公伤。于是岐下食善马者三百人驰冒晋军，晋军解围，遂脱缪公而反生得晋君。

——节选自《秦本纪第五》

【注释】

① 还：通"旋"，盘旋，此处指转弯。　② 鸷：马难以起步。
③ 缪公：即秦穆公。

【译文】

　　九月壬戌日，秦军和晋惠公夷吾在韩地交战。晋君抛下自己的军队，独自和秦军争胜，在转弯的时候拉车的马难以起步。秦穆公和部下驱车追赶，没有捉到晋君，反而被晋国的军队所围困。晋国士兵攻击秦穆公，秦穆公受伤。这时岐山下曾经偷吃秦穆公良马的三百个人驱车冲向晋军，晋军的包围被解除了，最终使秦穆公脱险，并且活捉了晋君。

战车

　　古代的战车通常是两驾或四驾的马车。每辆战车配备三个人，中间的人负责驾车，左边的人用弓弩进行远距离射击，右边的人用戈或戟进行近距离格斗。夏商周时期，驾驶战车作战就已经是战斗的主要形式之一。但这种作战形式比较受地形、道路等条件的限制，只适于平原地区的作战。到了春秋晚期，大规模的步兵作战成为主流。

15 晋文公流亡：漂泊十九年，终于王者归来

人　　物：晋文公
别　　称：重耳、姬重耳、公子重耳
生 卒 年：约公元前697年—公元前628年
出 生 地：曲沃（今山西省运城市闻喜县）
历史地位：春秋五霸之一，与齐桓公并称"齐桓晋文"

人物小传

接连被追杀的重耳非常无奈。

"虽然前几次都没成功，但要是再多来几次，说不定我就真死在这里了。"重耳思索再三，不得不离开白狄。

他打算到东方的齐国去。

"我听说齐桓公喜好善行，体恤诸侯。现在管仲、隰朋都去世了，齐国也想寻找新的贤能之人辅佐，我们何不前往齐国呢？"

要去齐国，得先经过卫国。卫国国君听说重耳他们来了，也接见了他们，但当他看到重耳一行人落魄的样子，根本不想好好招待他们。

而离开卫国后，他们的情况变得更糟糕了，很快连饭都吃不上了。

重耳拜土

有一天，他们路过一个村子，重耳饿得不行，就想向途中遇到的农人讨点东西吃：

"我是晋国的公子重耳。我太饿了，能不能给我一碗饭吃？"

他还信誓旦旦地说："谁要是给了我吃的，等我以后发达了，一定不会忘记报答他的恩情。"

人们见他这么说，非但不同情他，反而讥笑起来："要饭就要饭，还装什么公子！"

更有一个人随手捡起一块干结的土块递给他，语气不怀好意地笑着说："你不是饿了吗？吃这个吧。"

重耳见不仅没有要来吃的，反而被人们这样对待，气得脸都白了。

赵衰赶紧安慰他："这是好事呀，他们这是想把土地献给您呢，您应该拜谢接受它。"

重耳听赵衰这么说，心情总算好了一点。他郑重地拜谢村民，并把土块装进车里继续往齐国去了。

虽然一路上有点坎坷，但到了齐国后齐桓公对他礼遇有加。齐桓公不仅用厚礼招待重耳，还把齐国宗室的一个姑娘嫁给了他，陪送了丰厚的嫁妆。重耳自此在齐国安了家。

流亡之旅

好景不长。

没过几年，齐国发生内乱，为了躲避战火，重耳再次放弃安稳的生活，踏上流亡之旅。

这一次，他的境况也没好到哪里去。路过曹国的时候，曹国国君非但没有以礼相待，还戏弄重耳，说："听说你的肋骨是畸形的，长得和常人不一样。快点把衣服脱掉，让我们好好欣赏一下吧！"

重耳和随行的人都很气愤，很快便离开了曹国。曹国的大臣釐负羁生怕国君的所作所为得罪了重耳，就让人送来了食物和玉璧赔罪。重耳接受了食物，把玉璧退了回去。

到了宋国，重耳遇到了讲仁义的宋襄公，宋襄公按照国礼接待了他，重耳他们才又过了一段安稳日子。

可是，没过多久，宋襄公的臣子公孙固就私下里对重耳说："我很同情你的遭遇，但宋国毕竟是个小国，又刚被楚国打败，实在没有能力帮你回国。你还是去别的国家看看吧，看他们能不能帮得上你。"

听公孙固这么说，重耳也不好说什么，只好带着随行的人继续上路了。

这次去哪里呢？

郑国。

但郑国的国君郑文公也没有对他以礼相待。

"他虽然是晋国的公子，却是逃亡出来的。这样一个人，我为什么要好好招待他呢？"郑文公傲慢地说。

"您不能这样想呀！"郑文公的弟弟、郑国大夫叔詹连忙劝他，"重耳虽是逃亡在外的晋国公子，但是贤名在外，又有才能。您看他身边跟着的赵衰、狐偃这些人，一个个全是栋梁之材。何况晋国这些年也不太平，重耳以后很有可能会成为晋国国君，我们何必得罪他们呢？"

"算了吧！"郑文公满不在乎地说，"他都流亡十多年了，也快六十岁了。说不定哪天就死在了外面，还能回去做晋国国君？这不是笑话吗？"

"国君您要是实在不愿意对他以礼相待，不如派人杀了他。您今天的慢待一定会招来他的记恨，他将来成事了一定会报复我们。"叔詹又说。

"弟弟呀，你可太有意思了。"郑文公拍手大笑，"他不过是个无足轻重的人。你一会儿让我好好对待他，一会儿又让我杀了他。何必呢？不让他入境就行了。"

在郑文公的命令下，郑国士兵严加防守，重耳他们最后只好唉声叹气地离开，去了楚国。

楚国此时当政的是楚成王。他是一个很有眼光和谋略的君主，在他的带领下，楚国这些年发展得很好。他用对待诸侯的礼节，隆重地招待了重耳一行人。

重耳非常感激楚成王，承诺说："您对我这么好，我实在无以报答。我在此许下承诺：如果以后万不得已楚国和晋国交战，我一定会命令我的军队先往后退三舍之地。"

舍，是当时的计量单位。一舍等于三十里，三舍就是九十里。

楚国有个将军名叫子玉，性格急躁、十分傲慢。他一听见重耳这么说，立马怒气冲冲地请示楚成王："您好心好意地招待他，他却提起两国打仗的事，还说要先往后退让，这难道是在说我们楚军实力不行，需要晋国退让吗？请您让我杀了这个口出狂言的人。"

楚成王笑着安抚子玉："你先别冲动，他愿意先退让是好事。更何况，重耳他们在外流亡太久了，身上一无所有，除了这样报答我，又能拿得出什么呢？"

楚成王对重耳很好，之后的几个月，他们一直住在楚国，直到可怜的秦穆公再次遭到晋国的背叛。

太子圉偷逃

前面我们提到过，晋惠公被活捉后，在秦穆公的要求下把太子圉送到秦国做人质。而秦穆公对太子圉也算不错，还把一个秦国宗室的姑娘嫁给了他，希望他在秦国好好生活。

没过多久，晋惠公生了重病。太子圉听到消息后，心里开始七上八下：

我远在秦国为人质，我的兄弟们却都在晋国，实在让人不放心。秦穆公不久前才带兵灭了我母亲的故国梁国，从这一点上来看，他是不是不支持我即位？

太子圉越想越担心，最终决定在不告知秦穆公的情况下，偷偷逃回晋国。

晋惠公病死之后，太子圉顺利地做了国君，也就是后来的晋怀公。

但实际上，秦国灭梁国和支不支持他没有关系，秦穆公也没有要扣留他的意思。在得知太子圉不辞而别时，秦穆公非常生气："这父子俩真是一对没有良心的东西。"

气愤过后，秦穆公决定做点什么给他添堵。他听说重耳在楚国做客，就派人去邀请他来秦国。

楚成王也劝重耳说："楚国距离晋国很远，要途经好多个国家才可到达晋国。而秦国与晋国交界，秦穆公又很贤明，你去秦国吧！"

重耳临行前，楚成王还为他准备了厚礼，给他送行。

重耳来到秦国后，秦穆公十分欢喜，邀重耳一起宴饮，直言要帮他夺回晋国国君之位。

本来嘛，重耳得知晋怀公做了国君，也不准备做什么。可不承想，晋怀公即位后就和他的父亲晋惠公一样，时刻担心重耳回去和他抢位子。

晋怀公为此还专门下了一道命令，让追随重耳流亡的人都马上回到晋国去。谁要是不回去，就把谁留在晋国的家人全都处死。

因为这道命令，很多忠于重耳的人的亲属都遇难了。其中就包括重耳的外祖父狐突。

眼看着晋怀公如此心狠手辣，咄咄逼人，重耳决定接受秦穆公的帮助，回到晋国夺位。

重耳即位

就这样，重耳一行人离开秦国。

在秦国军队的护送下，在晋国大臣栾枝、郤縠的里应外合下，重耳流亡十九年后，终于回到晋国，成了新一任国君，史称晋文公。

这时候，他已经是六十二岁高龄了。

晋文公即位后，首先要做的就是封赏跟随他一起流亡的人，然后是和晋国的贵族、大臣搞好关系，选配好自己的一套领导班子。

为此，他让舅舅狐偃做了国相，让老师胥臣辅佐狐偃，让先轸统率军队，让赵衰、魏犨辅佐先轸；他重用支持自己回国的大臣栾枝和郤縠；还起用了已

经故去的荀息和士蒍的后代。

后来，从荀息的后代中又分出了中行氏和智氏。而士蒍的后代因为被封在范地，又被称为范氏。从此，晋国的军政大事就由狐氏、胥氏、先氏、赵氏、魏氏、栾氏、郤氏、中行氏、智氏和范氏这十个氏族一起把持，并一代一代地延续下去。这是后话。

晋文公在一众大臣的辅佐下忙着处理内政、安抚民众、发展生产。这时候，周襄王姬郑突然派人来搬救兵。

因为姬带把他赶出来了。

姬带是周襄王的异母弟弟，从小就受父亲喜欢，差一点就被立为太子。后来因为齐桓公坚决反对，这事才作罢。

姬郑做了周天子后，姬带一直不服气，几次三番想造反。最近的这一次，他甚至不惜联合外族也要把周襄王赶出都城。

周襄王逃到了郑国，被郑国国君好心收留。不甘心失去王位的周襄王向晋国求救。

虽然国内的事情还没有处理完，但晋文公很清楚，周襄王通知自己的同时，也肯定通知了别的诸侯国。而根据之前的经验，谁要是帮了周天子，虽然可能得不到太多实际的好处，却很利于提升名望，进而在诸侯之中称霸。

齐桓公当年不就是这么做的吗？

晋文公决定帮助周襄王发兵讨伐姬带。

《史记》原典精选

过曹，曹共公不礼，欲观重耳骈胁①。曹大夫釐负羁曰："晋公子贤，又同姓，穷来过②我，奈何不礼！"共公不从其谋。负羁乃私遗重耳食，置璧其下。重耳受其食，还其璧。

——节选自《晋世家第九》

【注释】

① 骈胁：肋骨紧密相连如一骨。　② 过：经过，路过。

【译文】

重耳经过曹国时，曹共公没有以礼相待，还想看重耳身上紧密相连的畸形肋骨。曹国的大夫釐负羁说："晋公子贤能，又和我国是同姓，他在困窘时途经我国，为什么不能以礼相待呢？"曹共公没有听从釐负羁的劝告。釐负羁就私下送食物给重耳，并在食物下面放了一块玉璧。重耳接受了食物，却把玉璧还给了釐负羁。

尺、寸之间有玄机

除了文中提到的"舍"外，古代还有许多有趣的计量单位。人们在生产实践活动中，从依靠自己的眼、手、脚等来判别事物的数和量、长和短、大和小，逐渐发展到用人体的某一部位与外界进行比较、测量。从《说文解字》记载的"寸、尺、咫、寻、常、仞诸度量，皆以人体为法"足可以说明这一点。

《说文解字》解"尺"字曰："十寸也。人手却十分动脉为寸口。十寸为尺。"根据段玉裁的注解，十根头发粗细为一程，十程为一分，十分为一寸。从人的手掌线后退十分的动脉位置就是"寸口"，十寸，就是一尺。

16 晋文公称霸：旧账最好不要翻

人　　物：子玉
别　　称：成得臣、半得臣
生卒年：？—公元前632年
出生地：不详
历史地位：春秋时期楚国令尹

人物小传

晋文公猜得果然不错，周襄王向他求助的同时，也通知了其他诸侯。

秦穆公得知消息后，也火速带兵前去帮忙。最后，在晋国、秦国的帮助下，子带之乱终于被平定，周襄王重新回到都城。

"你们这次真是立了大功！"周襄王为了感谢他们，举办了一场声势浩大的庆功宴。

"承蒙天子看重，我很感激。"晋文公也觉得自己劳苦功高，趁机提出了一个有点过分的要求，"您看，我年纪也这么大了，可能活不了多久了。等我死后，能不能让我享受一下天子规格的葬礼呢？"

"这不合规矩。"周襄王脑子也不慢，哈哈大笑后话锋一转，"不如我将河内、阳樊的土地封给你吧。"

听周襄王这么说，晋文公可高兴不起来。因为周襄王封给他的那些土地，早就已经被他私下占据了。不过，能名正言顺地得到那些地方，也算是一件好事。晋文公只能这样安慰自己。

因为成功帮助周襄王返回都城，晋文公的声望有所提升，隐隐有霸主之势。

城濮之战

没过多久，晋文公就遇到了一件为难的事——在他逃亡时对他还不错的宋国派人来向他求助了。

本来，宋国属于中原诸侯国，但楚国强大后不停北上，宋国不得不屈服于楚国。等晋文公归国后，宋国和晋国的关系走得越来越近。楚国一看宋国要跟随晋国了，很不愿意，于是就派兵去攻打宋国。

晋文公接到宋国的求救后左右为难：

一方面，宋国和晋国都是中原诸侯，两国关系也很友好，宋襄公在自己流亡时也曾对自己礼遇有加，不帮助宋国怎么都说不过去。

另一方面，流落在外的时候，楚成王也帮助过自己。如果帮了宋国，难免就要和楚国开战。

晋文公找来大臣们商议。

先轸首先提议说："我是想要帮宋国的，这不仅是为了报答宋襄公的情谊，也是为了让晋国称霸于诸侯。能不能如愿就看接下来的这一仗了。"

狐偃反驳说："那也不能和楚国硬碰硬呀。楚国不久前才和曹国结盟，又和卫国联姻，不如我们去讨伐曹国和卫国，楚国必定会去救援他们，这样就能解了宋国的困境。"

"这是个好主意!"晋文公一听,非常高兴,又想起自己流落在外的时候,卫国和曹国的国君都没有好好对待自己:卫国的民众不但不给自己饭吃,还让自己吃土;曹国的国君则嘲笑自己身体上的缺陷。于情于理,打他们都没错!

晋文公这么想着,马上任命了三军将帅,前去讨伐曹国和卫国。

楚成王听到消息,知道晋文公这是既不想和楚国直接打仗,又想报答宋襄公的恩情,还顺便报之前和曹国、卫国的私仇。楚国如果继续攻打宋国,可能也占不到什么好处了,就命令子玉领兵回国。

子玉能征善战,不甘心出来一趟什么都没得到就灰溜溜地回去。于是,他找到楚成王进言道:"国君您对晋文公仁义至厚,如今他明知楚国与曹、卫两国的关系,却故意去讨伐它们,这是在轻视您啊。不如就让我和他们开战吧。"

楚成王摇摇头制止说:"现在还不行。晋文公在外流亡十九年,才得以返回晋国,对人世间的苦难非常了解,因此能够善待他的子民,他现在势不可当,不可以和他开战。"

子玉见劝说无效,很不高兴。楚成王的拒绝还让他想起了一件陈年旧事。

原来,子玉能当上楚国的领军大将,一方面是因为他哥哥子文的推荐,另一方面也是因为他确实立下了很多战功。但楚国有个名叫蒍吕臣的大臣,一直反对让子玉统领大军。他觉得子玉的脾气过于急躁,如果给他的权力太大,早晚会出大乱子。

"他们都轻视我,我一定要让他们看看我的本事!"子玉这样想着,坚决请求继续作战。

"你要是非想打,那就去打吧!"楚成王拿他也没有办法,干脆只给他留下一小部分军队，自己带人先离开了。

子玉见楚成王被迫同意了自己的决定，更加膨胀了，马上派宛春去通知晋文公："你们还是趁早从卫国和曹国退兵吧，不然我们立刻就去打宋国。"

"子玉太无礼了，我们国君只能获得一个好处，可他一个当臣子的却能得到两个好处，我们不能答应这个条件。"晋国大夫咎犯生气地说。

"他这是狂妄，好像谁真的怕他们一样。"晋国大将先轸也很生气，可他又一想，这未必不是一件好事，于是对晋文公说："我们可以利用子玉的这个弱点。也许这将是打开楚国的突破口。"

"怎么利用？"晋文公感兴趣地问。

"扣押来使宛春，以激怒子玉；拉拢曹国和卫国，私下承诺退兵，让他们和楚国绝交。曹国和卫国现在被打成这个样子，不会不同意。"先轸胸有成竹地说。

"子玉要是知道他千里迢迢来救曹国和卫国，这两个国家却背叛了他们，一定会特别生气。"晋文公笑了起来。

"是的，我听说他这个人特别急躁，正在气头上，一定会自乱阵脚。"先轸接着说，"说不定我们能就此打败楚军，扬名天下呢！"

晋文公听从了先轸的话，曹国、卫国也很快与楚国绝交。子玉果然非常生气，率军来攻打晋军。

晋军明明占有先机，晋文公却一直不应战，反而下令让士兵快速地往后撤退。

晋国有些将领见状，非常不理解，问晋文公："我们又不怕楚军，为什么要撤退呢？"

晋文公解释说："我曾受过楚成王的恩惠，向他许下了一个承诺：如果两国交战，晋军会后退三舍，避免交锋。我现在是在践行自己的承诺啊！"

将领们一听，更加佩服晋文公了。

而子玉早就忘了承诺的事，见晋军一直撤退，还以为是怕了自己，更加得意了，一路穷追不舍，声称要一举歼灭晋军，灭掉晋国。

终于，晋军退到一个叫城濮的地方，晋文公下令可以停下来准备作战了。没过多久，楚军也追了上来。

双方在城濮摆好阵形。晋军的阵营里有一起来作战的宋国、齐国和秦国援军，楚国阵营里也有来自陈国、蔡国和郑国的帮手。

先轸观察了一番楚国的阵形后，对晋文公说："陈国和蔡国士兵的战斗力看起来不强，可以从他们所在的地方突破。"

胥臣提议道："臣还有个坏主意。若是把虎皮蒙在马身上，他们见了肯定会惊慌不已。阵形一乱，咱们就有机会了！"

晋文公笑着采纳了他们的建议。

陈国和蔡国的士兵一看到披着虎皮的战马在战场上横冲直撞，还以为是老虎来了，吓得四散奔逃。陈国和蔡国的军队控制不了局面，很快溃败下来。

子玉作为楚军的总指挥，假如在刚刚发现阵形乱了的时候及时调整对策，是可以挽回战局的，但他被晋军制造的假象蒙骗得有些轻敌了——一部分晋军将战车后面绑上树枝，在地面上来回拖行，晋军整个后方被搞得烟尘滚滚，造成晋军大败的假象。

"太好了，赶紧追击他们！"子玉只顾着追击晋军，完全没有发现陈国和蔡国的军队已经被打得落花流水，也没有注意到自己已经被引进了包围圈。

等他发现被骗时，身边早就不剩几个人了，无奈之下，他只好带着残兵败将突围，逃回了楚国。

子玉虽然侥幸逃回到楚国，却被楚成王狠狠斥责了一顿，怨他没有听自己的话，贪图与晋国作战，导致打了大败仗。子玉羞愤不已，只好自杀谢罪了。

晋军胜利后，放火烧了楚军的营地，大火持续烧了好几天都没有熄灭。之后，晋军带着从楚军那里俘获的战利品班师回去了。

践土之盟

城濮之战后，晋文公向周襄王进献了俘虏和大量的战利品，并在郑国的践土（今河南省原阳县西南）为周襄王修建行宫，以表示对周天子的敬重。

周襄王也礼尚往来，派人去宣布任命晋文公为诸侯之长，可以号令诸侯。于是，继齐桓公之后，晋文公终于也成为春秋时期的霸主。

并且，他比齐桓公还要厉害一点。这一年的冬天，他准备在践土召开诸侯

大会，坐实自己的霸主地位。他担心有诸侯会不服自己，也为了在诸侯之间彰显自己的威望，提前派人去暗示周襄王，请周襄王也务必前来参加。

虽然周襄王觉得自己作为天子，听一个诸侯的召唤有点难堪，但碍于晋国强大的实力，他也不敢拒绝，最终不得不照做了。

周襄王以天子身份参加了践土会盟，这件事不仅意味着晋文公霸主地位的巩固，也意味着周天子地位的再一次衰落，衰落到听任霸主摆布的地步。

因为臣召君这件事有违常理，所以史书就避讳地记成"天子到河阳巡视"。河阳就在践土附近。

《史记》原典精选

楚得臣①怒,击晋师,晋师退。军吏曰:"为何退?"文公曰:"昔在楚,约退三舍,可倍②乎!"楚师欲去,得臣不肯。四月戊辰,宋公、齐将、秦将与晋侯次城濮。己巳,与楚兵合战,楚兵败,得臣收余兵去。

——节选自《晋世家第九》

【注释】

① 得臣:即子玉,芈姓,成氏,名得臣,字子玉。
② 倍:通"背",背弃,背叛。

【译文】

楚国的子玉非常生气,率军攻打晋军,晋军不断后退。晋国的军吏问晋文公:"我军为什么要撤退?"晋文公说:"从前我在楚国时,曾与楚成王约定,交战时晋军会向后撤退三舍之地,我怎么能背弃自己的承诺呢?"楚军也想撤退,可是子玉不答应。四月戊辰日,宋成公、齐将、秦将以及晋侯在城濮驻扎。己巳日,与楚军交战,楚军被打败,子玉带领残兵逃走了。

楚王老大我老二——若敖氏

子玉出身于楚国一个非常显赫的家族:若敖氏。若敖氏的祖先是楚国第十四任国君熊仪,之所以叫"若敖氏",是因为熊仪的谥号为"若敖"。也就是说,若敖氏和后来的楚王是关系很近的亲戚,或者说是本家。

若敖氏的伯比被封在斗邑,所以若敖氏又被称为斗氏。后来,斗氏子孙中有一支被封在成邑,于是称为成氏。春秋时期,以斗氏和成氏为代表的若敖氏始终在楚国担任重要职务,对楚国的军政大事产生了重要影响。

17 秦穆公征西戎：知错能改就是好国君

人　　物：秦穆公
别　　称：嬴任好
生 卒 年：？—公元前621年
出 生 地：秦国雍地（今陕西省宝鸡市凤翔区）
历史地位：春秋时期政治家，秦国第九位国君

人物小传

　　践土会盟后，晋文公的势力越来越大，很快又盯上了郑国。

　　不仅是因为他流落在外的时候郑国对他不友好，还因为在城濮之战中郑国站在楚国那一边，帮着楚国打晋国。

　　除此之外，还有一点，那就是晋文公很喜欢的公子兰是郑文公的儿子。

　　既然如此，他为什么还要打郑国呢？

　　因为公子兰到晋国，是被郑文公逼走的。

　　郑文公有很多儿子，他的大儿子，也就是太子华曾经想害死他，自己做国君。郑文公担心别的儿子也会效仿，就毫不留情地处死了太子华和他的同母弟弟。郑文公剩下的儿子们担心被牵连，纷纷逃出郑国。

公子兰选择到晋国投奔晋文公，因为聪明能干，很会察言观色，深得晋文公的喜欢，还做了晋国的大夫。

晋文公看着对自己敬重有加的公子兰，又想想糟心的郑文公，心里难免会想："如果让公子兰做了下一任国君，郑国应该就能远离楚国，归附晋国了吧？"

晋文公这么想着，就和秦穆公商量着一起讨伐郑国。

在大兵压境的情况下，郑文公不得不同意立公子兰为太子。但晋文公还不想退兵，因为他的私仇还没有报。他扬言要治郑文公在他路过郑国时的不礼之罪，不好好羞辱一下郑文公，他决不罢休。

郑文公担心自己因此丢了面子，成了诸侯中的笑话，赶紧派人私下联系秦穆公，说："你们何必这么为晋国效力呢？就算真的打下郑国，晋国也会是得利最多的那个。到那时候，他们的实力会变得更强，要不了多久，他们也会对秦国下手。"

秦穆公一想，的确是这么回事儿。于是，他不仅悄悄退了兵，还留下三个大臣帮助郑国守城。

晋文公知道了这件事以后，同意了郑文公的结盟请求，订立盟约后就撤兵了。因为觉得秦穆公背叛了自己，晋文公自此渐渐疏远了秦国。

秦国伐郑

其实，秦国这么做，并不是想放过郑国，而是想独吞郑国。

没过多久，晋文公去世，晋国忙于处理内政，没时间和精力管外面的事。而秦穆公当时留在郑国的三个大臣深受郑国国君的信任。秦穆公知道，攻打郑国的时候到了。

"这三个大臣在郑国发展得不错,可以作为内应,我想发兵攻打郑国了。"秦穆公找来蹇叔和百里奚,兴致勃勃地说。

"这不是个好提议,还是不要这么做了吧。"蹇叔劝秦穆公,"郑国离秦国一千五百多里,需要穿行多个国家,可能我们刚走到半路上,郑国就得到消息,着手准备防御了。等秦军到了地方,因为跋山涉水早就疲惫不堪,郑军却可以以逸待劳。两军交战,我们不一定能占到什么便宜。"

"是啊,说不定还会被晋国钻了空子。"百里奚说,"就算我们打下郑国,回来的路上还需要路过晋国。如果他们在中间设了埋伏,我们的军队刚打完仗,精力消耗很大,再打一场仗,不一定能赢。"

"想那么多做什么,先打了再说!"秦穆公实在太想打郑国了,一个字也听不进去。

于是,他调发士兵,派百里奚的儿子孟明视、蹇叔的儿子西乞术和白乙丙作为将领,带着军队出发。

临行前,百里奚和蹇叔哭着来送儿子,秦穆公见了,生气地说:"我调发士兵,你们却在这里大哭来败坏我军的士气,这是为什么?"

两位老臣说:"我们不敢败坏您军队的士气。只是大军就要出发了,我们的儿子全都要去作战;我们老了,也不知道还能不能等到他们回来相见,想到这里忍不住痛哭罢了。"

秦穆公拿他们俩没有办法,只得任由他们抱着儿子哭,他们却在私下里暗暗交代儿子:"你们这次出征,晋国不会一点动作都没有。崤(xiáo)山是一个险要地带,回来经过那里的时候一定要小心,晋国说不定会在崤山伏击你们。"

可是，他们的儿子也和秦穆公一样，觉得秦军的实力很强，没把老父亲叮嘱的这些话放在心上，只草草地安慰了一下父亲，就头也不回地走了。

弦高救郑

秦军要去郑国，沿途除了要经过很多小国，还会路过周朝的都城洛邑。大军一路向前行进，浩浩荡荡，威风极了。

路过滑国的时候，秦军遇到了一个商人。

"哎呀，你们这是要去哪里？"这个叫弦高的郑国人正赶着一群牛，打算去洛邑卖。看到这么多秦军，他忍不住好奇，就打听了一下。

"我们去郑国呀。"其中一个年纪小的士兵没有防备就说了出来。

知道他们要去攻打郑国，弦高吓了一大跳，面上却不敢露出分毫。他赶紧献出十二头牛，假装要犒劳秦军，趁他们不注意的时候，赶紧派人回郑国报信。

此时，郑国的国君已经是公子兰了，也就是郑穆公。他得知消息后，马上派人去抓那三个留在郑国的秦国大臣。那三个人一边逃走，一边火速派人通知秦军。

秦军知道偷袭郑国的意图已经被郑国发现了，郑国还清除了秦国的内应，觉得就算到了郑国，成功的机会也不大，就打算回国了。回国的途中，他们顺手灭掉了滑国。

滑国是一个小国，就在晋国的边上，一直臣服于晋国。

晋襄公刚刚失去父亲，丧事还没有办完，就听说滑国被秦国灭了，顿时气不打一处来："秦穆公这明摆着就是在欺负我，趁着我给父亲办丧事的时机，攻打臣服我的滑国，他这是在挑衅！"

他命令先轸等大将率军埋伏在崤山，伏击秦军，自己身穿丧服亲自督战。

秦军一走到那里，就被晋军打得大败，秦军没有一个人能逃脱，百里奚的儿子孟明视和蹇叔的儿子西乞术、白乙丙都成了俘虏。

好在，秦、晋两国一直有姻亲关系，之前秦穆公的夫人救了晋惠公，这次晋文公的夫人也出手了。她是秦国宗室的女子，她也想救这三个秦军将领。但她没有直接求情，而是对晋襄公说："你何必自己动手呢？你处死了这三个秦军将领反而可能会激怒秦国。他们打了败仗，秦国的国君必定恨他们入骨，你不如将他们放回去，让秦国国君亲自处死他们。"

晋襄公觉得她说得有理，于是就把三位将领放回了秦国。

然而，谁都没想到的是，秦穆公非但没有处死他们，还亲自出城迎接他们，哭得非常伤心："秦军打了这么大的败仗，实在是让人沮丧。但这不是你们的错，都怪我当初没有听你们父亲的劝告，让你们受委屈了。"

不仅如此，秦穆公还恢复三个人的官职和俸禄，继续让他们带兵。三位将领怎么也没想到，秦穆公能对自己这么好，从此更加努力地练兵，想要洗刷战败的耻辱。

济河焚舟

几年后，秦国做了充足的准备，又去打晋国了。这一次领兵的将领还是孟明视等人。他们带着必胜的决心出发，刚渡过黄河就烧毁了船只，断了自己的退路，不获胜就绝不活着回来。靠着这股气势，秦军将晋军打得落花流水，躲在城里不敢出来。

得知秦军取得大胜，秦穆公渡过黄河，亲自来到崤山战场上，安葬了崤山

中的尸体,并好好祭奠了一番死在崤山之战中的将士们,让大家一起为他们痛哭致哀三天。

他在军中发布誓词说:"将士们!从前的人总会向白发的老人请教,那样就能避免犯错。我之前没有听从蹇叔、百里奚的建议,导致犯了大错。今天我在这里发布这篇誓词,反思已过,也是为了让子孙后代记住我的过错。"

众人听他这么说,纷纷流下了感动的泪水,称赞秦穆公在用人方面考虑得非常周到,这才有了孟明视大败晋军的喜讯。

转战西戎

秦穆公报了崤山之仇,见好就收,下令秦军撤兵,之后也不主动去招惹晋国了。

秦国的南边是强大的楚国，短时间内也很难讨到便宜。秦穆公想来想去，东边和南边眼看都没有机会了，干脆调整策略，向西北方向发展。

为什么是西北呢？因为秦穆公手下有一个对西戎部族非常了解的由余。

几年前，一个名叫由余的人代表绵诸出使秦国。

绵诸是众多西戎部族中比较强大的一个，大概活动在今天的甘肃天水一带。由余虽然是绵诸的使臣，他的祖先却是晋国人，还是周朝贵族的后代，因为内乱才逃去了绵诸。

绵诸王听说秦穆公很贤明，就让由余到秦国考察。

秦穆公在与由余的交谈中，发现由余是个不可多得的人才，就想方设法地把由余留在秦国，为自己所用。

而由余也为绵诸王沉迷女色、不思进取伤透了心，正好秦穆公盛情邀请，最终决定留在秦国。

秦穆公始终以贵宾的礼节对待由余，还虚心向他请教征讨西戎的计策。

在由余的帮助下，秦穆公先后灭掉十几个西戎部族，开拓了千里疆域，最终称霸西戎。连周天子都派人带着金鼓前来道贺。

《史记》原典精选

缪公乃自茅津渡河，封殽中尸，为发丧，哭之三日。乃誓于军曰："嗟，士卒！听无哗，余誓告汝。古之人谋黄发番番①，则无所过。以申思不用蹇叔、百里傒之谋，故作此誓，令后世以记余过。"

——节选自《秦本纪第五》

【注释】

❶黄发番番：指老人。番，通"皤"，白色。

【译文】

秦穆公亲自从茅津渡过黄河，安葬了崤山中的尸体，为他们举办丧事，痛哭致哀三天。他在军中发布誓词说："啊，将士们！听着，不要喧哗，我要向你们发布誓词。古时候的人总会向白发的老人请教，那样就不会犯错。我以此反思没有听从蹇叔、百里傒的建议，所以发布这篇誓词，让后世记住我的错误。"

伯乐相马

秦穆公时期，养马、相马成为一门重要学问。孙阳就是一个擅长相马的人。因为传说中天上管理马匹的神仙叫伯乐，所以人们就称呼孙阳为伯乐，以至于忘了他本来的名字。

伯乐的名气越来越大，有个人就利用他的名声搞事情：这个人要卖一匹骏马，但在集市上守了三天也无人问津。这个人就想了一个妙招，他去求见伯乐，请求伯乐来集市上看一看自己的马，看的时候要绕着马儿多转几圈，临走时再回头多看几眼。伯乐见这匹马确实是好马，就照他说的做了，果然马儿立马就卖出去了，价钱还涨了好几倍。这就是早期的名人带货呀。

18 楚庄王问鼎：我是一只一鸣惊人的鸟

人　　物：楚庄王
别　　称：熊旅、熊吕、熊侣、荆庄王、楚臧王
生 卒 年：？—公元前591年
出 生 地：楚国郢都（今湖北省荆州市）
历史地位：在位期间北上争霸，问鼎中原，成为春秋五霸之一

晋国和秦国的几场仗打下来，双方谁也没占到什么便宜，两国的关系也越来越差。晋国的君臣们从晋文公时强大的美梦中惊醒，开始反思自己这些年的所作所为。

清醒过来后的晋襄公开始选拔人才，充实朝堂。在朝臣们的帮助下，晋襄公也延续了晋国的霸业。

然而，他的手段不如他的父亲晋文公强势，国政大权渐渐转移到晋国的卿大夫家族手上，也就是狐氏、胥氏、先氏、赵氏、魏氏、栾氏、郤氏、中行氏、智氏和范氏这十个大氏族。

这些人争权夺利，内乱不断，也在一定程度上影响了晋国的实力。

赵盾执政

一开始,是赵氏与狐氏争兵权。

原本晋襄公更看好狐氏,但在大臣阳处父的劝说下,他让赵衰的儿子赵盾成为中军元帅。此后,赵盾迅速崛起,集军政大权于一身,成为晋国朝堂上地位仅次于国君的正卿。赵氏家族也水涨船高,实力急速膨胀。

赵盾成为正卿后没几个月,晋襄公就一病不起,临死前,他把太子夷皋托付给赵盾,希望赵盾能好好辅佐夷皋。

赵盾虽然答应了晋襄公,但无奈当时晋国内忧外患,夷皋尚在襁褓之中,无法主持大局。因而,晋襄公死后没多久,赵盾就想改立晋襄公的弟弟公子雍为国君。

狐氏也不太看好年幼的夷皋,但他们更拥护晋襄公的另外一个弟弟公子乐。双方各执己见,谁也说服不了谁,干脆各自行动,分别派人请两位公子回国。

结果是赵盾抢先一步先把公子雍接了回来。为了以绝后患,赵盾还派人暗杀了公子乐,又将狐氏家族中支持公子乐的贾季彻底赶出了晋国。

不过,公子雍虽然回了晋国,最后也没能成功即位。因为夷皋的母亲缪嬴在得知消息以后,终日抱着夷皋哭闹不休,还当着各位大臣的面质问赵盾:"你不是答应了先君拥立夷皋吗?先君有什么过错,你要抛弃他的嫡子去拥立别人?你现在把公子雍找回来,夷皋怎么办?"

面对缪嬴的质问,赵盾除了觉得难堪,还觉得难办。因为缪嬴的娘家势力很大,如果他执意要立公子雍,她的亲族很可能会采取行动,搞不好还会暗杀自己。

无奈之下,赵盾只得放弃公子雍,拥立夷皋为下一任国君,夷皋也就是晋灵公。

晋灵公实在太小了，只得由赵盾代为执政。

赵盾开始在其他几大家族里寻找帮手，考虑到先氏和赵氏向来交好，赵盾提拔年轻的先縠做了重臣，并起用了一直不怎么兴旺的韩氏。

韩氏之前也是晋国的大族。但他们是晋惠公的遗臣，一直不被晋文公喜欢。晋文公在位期间，韩氏渐渐衰落，家主韩舆更是早早地死了。

赵盾的父亲赵衰看韩舆的儿子韩厥可怜，就把他带回了赵家，让他和自己的儿子赵盾一起长大。赵盾和韩厥从小就像兄弟一样，所以对韩厥非常信任。

对于胥氏、魏氏、栾氏、郤氏、中行氏、智氏和范氏这些大族，赵盾也尽量保持着友好的态度，以德服人，所以在赵盾执政的这些年里，晋国内外还算太平，不仅将晋文公、晋襄公时代的霸业维持了下去，甚至再创佳绩。

但晋灵公很快长大了，他看着赵盾作为重臣呼风唤雨，又想起赵盾拥立自己时的风波，心里很不舒服。长大后的晋灵公，自然就想打击赵盾，夺回权力。渐渐地，他们的矛盾越来越大，最终发展到势同水火的地步。

晋灵公曾多次派人刺杀赵盾，但都失败了。在晋灵公安排的最后一次刺杀行动中，赵盾陷入困境，被迫出逃。赵盾的兄弟赵穿在桃园杀死了晋灵公，并接回赵盾。

赵盾后来虽然官复原职，权势依旧，但也因为晋灵公的死一直被人们诟病。

三年不问政

晋国君臣反目时，楚国却出了一个厉害的国君，那就是楚庄王。

你们是否还记得，我们在前面讲过，楚成王的时候，晋国和楚国在城濮展开了一场大战。

楚国虽然被晋国打败了,却并没有受到太大的损耗。之后,楚国一直向四周扩张,等把四周吞并得差不多了,积攒够实力之后,楚国又想开始北上争霸了。

楚庄王正是楚成王的孙子,比晋灵公也就大一点,即位的时候还不满二十岁。而楚国的大臣们也和晋国的差不多,掌控了很大的权力,一度还发生过叛臣劫持楚庄王的事件。

也正因为有过这样的经历,楚庄王意识到,自己的势力太弱了,既然那些大臣想要掌握权力,就暂时把权力交给他们好了,自己先韬光养晦,养精蓄锐。

楚庄王即位的第二年,赵盾逐渐稳定了晋国国内的局面,带兵来攻打楚国的附属国蔡国。楚庄王为了麻痹楚国的世家大族,也为了保存楚国的实力,每天只管喝酒享乐,对于蔡国的求救就像没看见一样。

周围的小国见了,觉得楚国变软弱了,开始蠢蠢欲动,频频骚扰楚国的边境。楚庄王依旧不管不顾,把所有的国事都交给大臣们处理,自己每日寻欢作乐,打猎、喝酒、欣赏歌舞……快活极了。

不仅如此,他还下了一道命令:"谁要是敢来进谏,格杀勿论!"

一鸣惊人

大臣伍举实在看不下去了,求见楚庄王。楚庄王见他来了,照样喝酒吃肉,还热情地邀请他:"有什么话都先不着急说,我们先一起吃点东西、找点乐子吧!"

伍举知道没法直接和楚庄王讲道理,眼珠一转,计上心来。他想到楚国向来以鸟为图腾,鸟被人们认为是十分尊贵的动物,于是笑着对楚庄王说:"我

今天来就是想献给您一份乐子。"

"乐子在哪呢，我怎么看不见？"楚庄王奇怪地问。

"我这乐子就是一道谜语，是我从民众那里听来的，请国君猜一猜。"伍举慢条斯理地说，"楚国的山上有只大鸟，整整三年了，不叫也不飞。大家都不知道这是什么鸟，大王您能猜出来吗？"

"我还以为是什么，原来是这种鸟呀。"楚庄王微微一笑，说，"它三年不飞，一飞就会冲天；三年不鸣，一鸣就会惊人。"

伍举听完后，觉得楚庄王明白了自己的意思，非常高兴。回去以后，他赶紧把这个好消息告诉其他大臣。然而大家一起等了好几个月，楚庄王还是没什么动静。

大臣苏从有点着急了，也来求见楚庄王。他不如伍举会察言观色，说话也直接，楚庄王得知他的来意后，假装十分生气地斥责他："你难道没听过我的命令吗？谁来进谏，就是找死。你是活得不耐烦了吗？"

苏从毫不畏惧地说："我正是因为怕死，才来找您。国君如果一直这样，楚国很快就会被别的国家灭亡。如果您听得进去我的劝告，自此让楚国兴旺起来，我自然也会长命百岁。如果杀了我就能使您成为贤明的国君，那我也死而无憾。"

楚庄王并不是真想做个昏君。他之所以这样做，不过是忌惮那些权臣，担心自己要是大有作为，会招来他们的怨恨和打击。而敢于直言的苏从和善于谋略的伍举让他看到了希望。

"有了伍举和苏从辅佐我，我这只大鸟终于可以展翅高飞，一鸣惊人了！"

楚庄王找到了真正忠于自己的人，从此就像变了个人似的，不再享乐，每天关心国政，重用伍举、苏从管理政务，擢升有才华的大臣，在很短的时间里，就大大削弱了权臣的势力，把楚国治理得非常好，楚国人也非常高兴。

楚晋争霸

郑国夹在晋国和楚国两大强国之间，处境艰难，立场也一直摇摆不定。看到晋国势力增强，他们就跟着晋国；看到楚国厉害，他们就投靠楚国。

这些年，眼看着楚国被楚庄王治理得蒸蒸日上，郑国就背离了晋国，投入楚国的怀抱。

晋国对此很不开心。

恰巧这个时候，还发生了一件事——陈国的国君死了，楚庄王没有派人去吊唁，本来站在楚国这边的陈国，一气之下倒向了晋国。

楚国对此也不开心。

楚庄王即位的第六年，他亲自带兵攻打陈国，陈国向晋国求援。赵盾率领晋兵攻打郑国以救陈，郑国也向楚国求救。

晋国和楚国在北林爆发了一场大战，晋军战败，解扬被俘，之后晋军撤退。

第二年春天，楚国又想搞事情，盼咐郑国说：

"宋国是晋国的附属国，你们去打宋国，如果晋国来帮忙，我会出手；如果晋国不来帮忙，那宋国就是你们的了。"

郑国听从楚国的命令攻打宋国，同宋国在大棘展开交战，宋军大败。

赵盾联合了卫、陈两国一起出兵攻打郑国，想为宋国报大棘之战的仇。

楚庄王得知消息后高兴坏了，但就在他打算和晋国决一死战的时候，晋国竟然悄悄地退兵了。

不过，这倒不是因为晋国怕了楚国，而是因为赵盾觉察到晋国国内有点不太平，急忙回去稳定局势去了。

很快，赵盾扶持了晋成公上位，平定了国内乱局，再次带兵去打郑国。郑国在晋国重兵压境之下，不得不向晋国求和，双方签订了盟约。

楚庄王问鼎

晋国攻打郑国的时候，楚庄王在干什么呢？

他正忙着打陆浑戎呢，不然也不可能就这么把郑国让给晋国。

陆浑戎原本是秦国的邻居，秦穆公活捉了晋惠公之后放人的条件之一就是让晋惠公把他们迁走。但晋惠公也知道陆浑戎是个大麻烦，就把他们安置在晋国、楚国和周王畿的交界地带——伊川，紧挨着周朝都城洛邑。

陆浑戎到了伊川以后，难免会和当地人发生各种各样的冲突，楚庄王又刚好想吞并他们，就借着保卫王室的名义，和陆浑戎开战了。

陆浑戎哪里是楚国大军的对手呢？很快就归顺了楚国。

好好教训了一番陆浑戎后，楚庄王并不着急

回去。

"都到都城洛邑附近了,那不得让周天子见识一下我的实力呀?"楚庄王这样想着,就在洛邑郊外的洛水边进行了一次大阅兵。

当时的周天子周定王非常害怕,连忙派大臣王孙满前去慰劳楚庄王。

"我这些年南征北战,见过很多宝贝,就是没有见过九鼎,不知道九鼎的大小轻重如何呀?"楚庄王趁机问王孙满。

九鼎向来是天子权力的象征,王孙满知道楚庄王这么说,明显有威胁的意思,但他还是不卑不亢地说:"九鼎是王室的宝物,你作为诸侯,没见过它们不是很正常吗?再者说,一个王朝的兴衰在于是否施行德政,而不在于鼎的大小轻重。"

"你们不要仗着拥有九鼎就有恃无恐!"楚庄王咄咄逼人地说,"有什么稀罕的呢?我们楚国这么强大,从每把刀剑上削下来一点金属,就足够再铸九个大鼎!"

"周王室九鼎上的金属,来源于诸侯的朝贡,而不是刀剑。九鼎铸成这么多年,传承自有天命。现在周王室的德政虽然有些衰败,但天命还没有改变。九鼎的大小轻重,是不可以问的。"王孙满慢条斯理地说。

楚庄王听明白了,王孙满这是想说,没有诸侯的支持,只靠武力很难征服全天下。楚庄王其实并不认同,在当时的条件下,怎么才能取得诸侯的支持呢?当然要靠刀剑!

"不先征服他们,他们怎么会心甘情愿地臣服于我呢?"

但王孙满有句话说得对,周王室的天命还没到头,诸侯虎视眈眈,还不是迁鼎的时候。

楚庄王就是这么想的,正巧郑国被晋国抢占的消息传来,楚庄王也就毫不犹豫地撤兵,去打郑国了。

《史记》原典精选

伍举曰:"愿有进隐。"曰:"有鸟在于阜①,三年不蜚②不鸣,是何鸟也?"庄王曰:"三年不蜚,蜚将冲天;三年不鸣,鸣将惊人。举退矣,吾知之矣。"

——节选自《楚世家第十》

【注释】

❶阜:土山。 ❷蜚:通"飞"。

【译文】

伍举说:"我想让国君猜个谜语。"接着说道:"有只鸟停落在土山上,三年不飞也不叫,这是只什么鸟呢?"庄王说:"这只鸟三年不飞便罢,如果飞起来就会一飞冲天;不鸣则已,鸣叫起来就会使人大吃一惊。你退下吧,我明白你的意思了。"

楚国的九凤神鸟

楚国地处长江一带,向来是多民族杂居地区。自楚国立国以来,这里广泛融合了东夷、西戎和南蛮的一些部族,形成了与中原不同的璀璨而神秘的楚文化。

九凤神鸟相传为楚国先祖所崇拜的神灵,是楚人的保护神。而人间的百鸟,也广受楚国统治者和人民的喜爱。

《山海经·大荒北经》说:"有神九首,人面鸟身,名曰九凤。"这是记载九凤神鸟原型的最早传世文献。

19 循吏孙叔敖：一代廉相，助楚庄王成就霸业

人　　物：孙叔敖
别　　称：蒍敖、孙叔
生卒年：约公元前630年—公元前593年
出生地：楚国期思邑（今河南省信阳市淮滨县）
历史地位：春秋时期楚国令尹

楚庄王带兵攻打郑国的时候，上天再次给了他一个好机会。晋国又内乱了。

晋国的赵盾和晋成公相继病逝，晋国忙于权力交接，根本无暇顾及郑国。晋成公的儿子晋景公即位。大臣中，赵盾之前扶持的郤缺和先縠很快接替了他的位置。

晋景公即位后，首先是打压赵氏，将权力一点一点收归到自己手里。

然后是派大将郤缺领兵救援郑国，和郑国军队一起在柳棼打败了楚庄王率领的楚国军队。

这次的失败，让楚庄王认识到，只凭自己恐怕打不过晋国。于是，他一边和秦国合起伙来共同抵抗晋国，一边专注于提升楚国国力。

孙叔敖改革

为了提升国力，楚庄王还重用了一个叫孙叔敖的人。

孙叔敖是蒍家的后代。他原本叫蒍敖，因为字孙叔，又被称为孙叔敖。

蒍家曾经也是楚国的贵族，楚国不少能臣，前面我们提过的和大将子玉有过节的蒍吕臣就是蒍家人。后来，蒍家因为和楚国另外一个大家族有过节，为了避祸，干脆辞官去民间隐居了。

尽管如此，蒍家和之前的世家朋友们还保持着联系。也正因此，国相虞丘卸任时，才会把孙叔敖推荐给楚庄王，让他代替自己。

孙叔敖做了国相以后，施行教化，教导民众，大力发展经济，处处造福百姓。他只用了三个月的时间，就使官民之间和睦同心，社会风气淳朴美好，政令宽缓不苛刻，又能做到有禁必止，官吏没有奸邪作恶的，盗贼绝迹。

而这一切都得益于他是一个充满智慧、懂得变通的人。

一次，楚庄王觉得楚国的钱币又轻又小，容易让诸侯看轻，觉得楚国国力不过如此。于是，楚庄王下令让改铸大一点的钱币。

孙叔敖赶紧让人去办。

但新钱币铸成之后，旧钱币依然在市场上流通，新旧钱币混着用，不仅不方便，还容易给商人们造成损失。渐渐地，做生意的人越来越少，市场一片萧条。

掌管市场的官吏将这件事报告给孙叔敖后，孙叔敖立马承诺想办法。

几天后，孙叔敖在上朝时将这几天自己搜集来的证据呈报给楚庄王，并分析利弊。在他的劝说下，楚庄王同意恢复原来的币制。很快，市场就恢复了原来的繁荣局面。

没过多久,楚庄王又下达了新的政令。

"楚国人坐的车太矮了,驾马不方便,不如把车都改高一点。"

这一次,孙叔敖并没有着急去办,而是劝道:"您最近已经制定过很多新政策了,民众需要时间接受。再下达新的命令,会让民众无所适从,执行起来也会有难度。矮车这个事我有一个好办法,可以不用下达政令就能达到您的目的。"

"什么办法?快说。"楚庄王迫不及待地问。

"不如我们悄悄地把街头巷尾的门槛都加高一些。这些能够坐马车的人,都非富即贵,肯定不愿意在过门槛的时候频繁下车。那么,门槛加高以后,为了避免频繁下车,人们自然就会把车造得高一点。"

楚庄王听从了孙叔敖的建议,果然,只用了半年,楚国街道上看到的车子就都变高了。

孙叔敖无须下令就能使百姓自然地遵循他的教化,远近的人看到他的言行都会下意识地向他学习。在担任楚国相国期间,他尽忠、廉洁地治理楚国,楚庄王才得以称霸诸侯。

兴修芍陂(què bēi)

孙叔敖做楚国相国之前,还曾在期思治理水患。那时候,楚国经常闹水灾,天长日久,人们都没办法种粮食了。

孙叔敖亲自去民间考察后,主持兴修了许多的水利设施。其中最著名的,就是芍陂。

芍陂原本是一片低洼地,每逢夏秋雨季,山洪暴发时,就会形成涝灾;雨少时,又常常出现旱灾。

孙叔敖发动数十万人,根据地形特点修筑堤堰、连接山岭、开凿水渠、引来溪水,把芍陂变成一个巨大的人工湖,还在湖的四周安装了可以调节水量的水门。这样一来,如果雨水多时,就存到湖里;干旱的时候,又可以把湖水放出来灌溉。

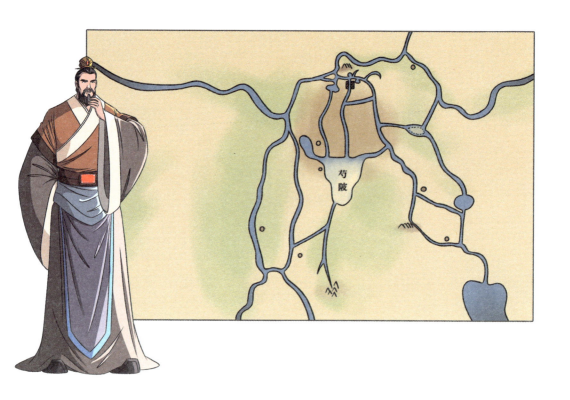

正是因为有了很多像芍陂这样的水利工程，楚国的农业发展得越来越好，国力一天比一天强盛。

饮马黄河

恰逢这时，楚国的附属国陈国发生动乱，楚庄王就以平定动乱的名义发兵，打下了陈国。

"不如把它并入楚国吧。"楚庄王和大臣们商议。

"您不可以这么做。"大臣申叔时劝道，"您因为夏征舒这个贼臣杀死了君主，所以发兵征讨，诸侯会理解您是在帮助陈国平定动乱。但您要是趁机吞并陈国，大家就会觉得您很贪婪,您的名声也会因此受到影响,不利于以后在诸侯中发号施令。"

楚庄王觉得他说得很对,最终没有这么做。

"既然在陈国打得这么顺利,那我终于可以和晋国一较高下了吧?"楚庄王得意地想着。

为了加以试探,公元前597年,楚庄王亲率楚军再次围攻晋国的附属国郑国。

郑国赶紧向晋国求救,但晋国又一次被内政拖住了手脚。关于是否发兵救郑,大家的意见不统一,大臣们分成好几派,吵得热火朝天。而郑国始终没等来救兵,无奈之下只好投降。

好在,楚庄王也只是想让郑国臣服于自己。见郑襄公袒露着上身,手牵着羊,出城来求和,祈求不要让郑国绝祀,楚庄王就同意退兵,让他复国。

等到了这年六月,晋国的大臣们终于吵出结果来了——决定发兵。但等他们来到黄河边才听说,郑襄公已经被迫投降,与楚国签订了城下之盟,楚军也早就撤走了。

"既然楚军已经撤走了,那我们也回去吧。"晋军统帅荀林父这样说。

"他们应该还没走远。"先縠不甘心地说,"他们这次攻打郑国,分明就是想羞辱晋国。这口气,我们不能就这么咽了!"

"追过去又能怎么样呢?还是回去吧。"晋军统帅荀林父更倾向于退兵。

"我们是来援救郑国的,却连郑国都没有到达,怎么能回去呢?"先縠对退兵嗤之以鼻,心里对荀林父更是不服。他也没通知大家一声,就擅自带兵前去追击楚军了。荀林父无奈,只好命令晋军跟进,很快大军便渡过了黄河。

楚国攻下了郑国之后,本想在黄河饮马以显示自己的威名,之后再撤军。

楚庄王知道晋军追过来后，马上下令调头，打算痛痛快快地打一场。

"快呀，把他们杀得片甲不留！"

郑国因为感激楚国没有让自己亡国，也出兵帮楚国作战。

楚军和晋军在一个叫邲的地方发生了激烈的交战，晋军被楚军打得落花流水。一些晋军逃到黄河边，抢着渡河，死伤无数。

战后，荀林父回到晋国，请求国君赐死，晋景公知道错不在他，并没有同意。

心虚的先穀也逃回了晋国，他非常清楚，这次的失败和自己有很大的关系，晋景公一定不会放过自己。于是，他干脆先下手为强，联系了西北的外族，想要偷袭晋国，推翻晋景公。

晋景公得知了他的阴谋，非常生气，马上派人处死了他，还灭了先氏全族。就此，晋国的世家大族中，只剩下魏氏、栾氏、中行氏、智氏、范氏、韩氏和奄奄一息的赵氏。

而诸侯们见晋国被楚国打败，也纷纷远离晋国，亲近起楚国来。

说起来，邲之战中也有孙叔敖的身影。

晋军刚刚渡过黄河时，大臣伍参主张立即开战，令尹孙叔敖则反对与晋军正面交锋。楚庄王听取了伍参的意见。当战争无法避免之时，孙叔敖便迅速做出战略部署，辅佐楚庄王展开全面进攻，这才有了楚军邲之战的胜利。

因为理政、治军有功，楚庄王多次要对他进行封赏，他都坚辞不受。做了很多年的大官，家中却没有一点积蓄，甚至临终时都买不起一口棺椁。司马迁在《史记》中将他列为"循吏"第一。

《史记》原典精选

孙叔敖者，楚之处士①也。虞丘相进之于楚庄王，以自代也。三月为楚相，施教导民，上下和合，世俗盛美，政缓②禁止，吏无奸邪，盗贼不起。秋冬则劝民山采③，春夏以水④，各得其所便，民皆乐其生。

——节选自《循吏列传第五十九》

【注释】

① 处士：有才德而隐居的人。　② 政缓：宽和的政令、法令。
③ 山采：进山砍伐树木。　④ 以水：趁着水势上涨之际将竹木送下山。

【译文】

孙叔敖，是楚国的隐士。国相虞丘把他推举给楚庄王来接替自己。孙叔敖做了三个月的楚相，施行教化，教导百姓，使官民之间和睦同心，社会风气淳朴美好，政令宽缓不苛刻，但又能做到有禁必止，官吏没有奸邪作恶的，盗贼绝迹。秋冬农闲时他就动员百姓上山砍伐林木，再趁春夏河流涨水时漂运出山，百姓自有适合自己的谋生门路，安居乐业。

春秋时期的水利工程

春秋时期的各诸侯国为了争霸和自强，纷纷发展经济，壮大实力，修建了许多水利工程，有些到现在都还在使用，对中国的历史和社会发展产生了十分深刻的影响。

孙叔敖除了主持修建芍陂外，还主持兴建了我国最早的大型引水灌溉工程——期思雩娄灌区。

吴王夫差为了北上伐齐，下令开凿了人类史上第一条运河——邗沟。邗沟后来成为京杭大运河的一部分。

叁 晋楚争霸之一起当大王

——和平谈判,平分霸权

20 晋楚会盟：不打了，再打都完了

人　　物：楚共王
别　　称：熊审、熊葴、楚恭王
生 卒 年：公元前600年—公元前560年
出 生 地：楚国郢都（今湖北省荆州市）
历史地位：楚庄王之子，在位期间与晋国争霸

人物小传

楚庄王在邲之战一战成名后，很是得意了一段时间。

但他也清楚，晋国在与楚国的争霸中虽然暂时处于下风，但实力不容小觑，此次战败也并未损伤晋国元气，晋国仍然有力量与楚国抗衡。所以，他一边继续和秦国保持友好关系，一边拉拢东边的齐国，一起对抗晋国。

联齐制晋

恰好，齐国的国君齐顷公也很乐意和楚国联手制约晋国。

毕竟，齐国也曾当过霸主，齐顷公一直希望自己能像祖先齐桓公一样，带领齐国再创辉煌，无奈这些年称霸的是晋国，齐国不得不屈居于晋国之下。

现在，晋国被楚国打败，齐顷公一边急于摆脱晋国的控制，一边联系那些原本跟着晋国的邻居们，想让他们臣服于自己。比如说莒国和鲁国。

经过几年时间的努力，取得的效果还不错，齐顷公的胆子也越来越大了。

也正是在这段时间，楚国开始频繁向齐国派使者。

有一次，楚庄王派大臣申舟出使齐国时，额外又叮嘱了一句："你这次就不用跟宋国打招呼了。"

申舟吃惊地问："去齐国一定会路过宋国。我作为楚国的使者，踏上他们的土地却不跟他们打招呼，这不就是挑衅吗？宋国会杀了我吧？"

楚庄王却大手一挥，语气坚定地说："宋国是晋国的附属国，晋国都被我们打败了，宋国那么弱小，还敢得罪我们？你就放心吧，万一他们真的杀了你，我立刻发兵攻打他们，给你报仇！我也绝不会亏待你的后代。"

申舟得到楚庄王的承诺，也明白自己可能就是楚庄王发兵宋国的借口，他将儿子托付给楚庄王后就出发了。

而他担心的事情果然还是发生了。

消息传来时，楚庄王正在吃饭，他直接丢掉筷子就准备出发，连鞋子都顾不上穿。

楚庄王亲自领兵来打宋国，宋国打不过楚国，就缩进城里，把城门关得紧紧的。同时，火速派人去晋国搬救兵。

"楚国现在这么厉害，我们没必要为了宋国和他们硬碰硬。"晋国大臣们一商量，决定不发兵。但如果直接拒绝，他们又觉得过意不去，于是派了一个叫解扬的人去宋国，让他去告诉宋国国君，晋国发兵需要时间，宋国需要再坚持一阵儿。

　　解扬就这么上路了。可从晋国去宋国，一定要经过郑国。郑国想巴结楚国，就趁解扬路过郑国的时候抓了他，送到楚庄王面前。

　　楚庄王知道解扬是去劝宋国别投降的，就送给他很多礼物，希望他能说反话，让宋国赶快投降。

　　解扬假意答应了，第二天却冲着城内喊道："宋国的兄弟们，千万别投降，晋军马上就要来了！"

　　楚庄王大怒，认为解扬不守信用，让人将解扬推出去斩首。

　　解扬却毫无惧色，大义凛然地说，"您想杀就杀吧。无论如何，我已经完成了国君对我的嘱托。这就是我的守信。"

楚庄王见解扬这么忠诚，怒气全消，也就放了解扬。

但是，对宋国，楚庄王就没有那么仁慈了。楚庄王让士兵将宋国都城围了个水泄不通，还让士兵们在城外盖房子、种田，一副要在这里长期住下来的样子。被围困了九个月的宋国都城粮草断绝，宋国国君只得屈服于楚国。

晋国几年前在邲之战中被楚国打败，如今宋国被围，它也不敢发兵营救，在诸侯面前失去了威信。

从此以后，楚国的势力越来越大，渐渐取代晋国成为新一任霸主。而晋国忙于在齐国和秦国之间周旋，根本没有精力和时间再去和楚国争霸。

然而，楚国的霸权并没有持续太久。楚庄王一病死，楚国就发生内乱，大大影响了楚国的实力。

鄢陵之战

楚庄王去世时，年仅十岁的楚共王即位，由叔父子重、子反辅政，楚国重臣巫臣因与子反不和叛逃到了晋国。

在巫臣的帮助下，晋国接连几次打败楚国，重新占了上风。

不过，晋国很快也发生内乱，没时间和精力去和楚国打仗。最终，在宋国大夫华元的调停下，晋、楚两国决定暂时停止战争，平分霸权，谁也不惹谁。这就是晋楚第一次弭（mǐ）兵会盟。

但休战不过是一时的，很快战火又起。

公元前575年春天，楚共王以汝阴之地为诱饵，使得郑国背叛了与晋国的结盟。晋厉公非常生气，出兵攻打郑国。

楚共王火速出兵援救郑国，与晋军在一个叫鄢陵的地方展开激烈交战。楚军大败，楚共王的眼睛也被晋军射伤。

楚共王咽不下这口气，收拢残兵加以安抚后，准备次日与晋国再战。

当天晚上，楚共王召见叔父子反商量对策，然而久等不至。原来是有人见兵败后子反心情不好，给他送来了美酒，子反喝得酩酊大醉。楚共王来人召见时，怎么也叫不醒子反，来人等了好久只好抬着子反去见楚共王。楚共王十分生气，但也没有办法，为了保存实力，只好连夜退兵了。

子反酒醒之后，知道自己耽误了大事，愧疚得自杀谢罪。

楚国在鄢陵打了败仗，再次陷入非常困难的境地。鄢陵之战标志着楚国对中原的争夺走向颓势。

而晋国在巫臣的建议下，开始联合吴国，一起对抗楚国。不仅如此，巫臣还亲自前往吴国，让只知道水战的吴国人学会了车战，自此吴国不断骚扰楚国边境和楚国的附属国，甚至一度打到了楚国本土。

楚国忙于应付吴国，疲惫不堪。

本来，这对晋国来说，是个难得的好机会。但晋厉公归国后因为重用宠姬的兄弟与朝中大臣们离了心，不久后，栾书、中行偃带领党徒袭击了晋厉公，并将他囚禁了起来。

晋厉公死后，栾书等人迎接公子孙周回国即位，也就是晋悼公。

晋悼公是个很有抱负的国君，上位后采取"三驾疲楚"的战略，将军队重新分作上、下、新三军，轮番南下作战，不求取胜，旨在使楚军疲劳。最终，楚国无力应对。

晋悼公虽然重整霸业，复霸中原，但对中原诸侯的控制力远不如晋文公时期。

等到了他儿子晋平公即位后,虽然于湛坂大败楚国,但晋平公本人大兴土木、不务政事,导致晋国大权旁落至六卿手中。六卿互相争权,不得已对外罢兵。

弭兵会盟

晋国陷入内忧外患,楚国也差不多,二者都无心再争夺霸主的地位。

公元前546年,宋国的向戌约晋、楚两国在宋国都城商丘会盟,调停两国之间的战争。

经过协商后,晋、楚、齐、秦等十四国在宋签订盟约,约定各国间停止战争,奉晋、楚两国为共同盟主,平分霸权,除齐、秦两国外,各国须向晋、楚同样纳贡,谁破坏协议,各国共讨之。这就是晋楚第二次弭兵会盟。

此后数年,晋楚争霸告一段落,中原一带的战事大大减少。

《史记》原典精选

癸巳，射中楚共王目，楚兵败于鄢陵。子反收余兵，拊循①欲复战，晋患之。共王召子反，其侍者竖②阳穀进酒，子反醉，不能见。王怒，让子反，子反死。王遂引兵归。晋由此威诸侯，欲以令天下求霸。

——节选自《晋世家第九》

【注释】

① 拊循：慰问，鼓励。　② 竖：对男佣的贱称。

【译文】

癸巳日，晋军用箭射伤了楚共王的眼睛，楚军在鄢陵战败。子反收集残兵败将，加以安抚后，想要与晋国再次交战，晋国为此十分忧虑。楚共王召见子反，侍从阳穀向子反进酒，子反喝醉了，没去拜见楚共王。共王十分生气，斥责子反，子反自杀身亡。共王于是带领军队返回楚国。晋国从此威震诸侯，晋厉公想要趁这个机会号令天下，谋求霸主之位。

两国交兵，不斩来使

春秋时期，因为宋国斩杀了楚国派往齐国出使的申舟，楚庄王"投袂而起"，派兵将宋国国都包围了整整九个月。

因为斩了使者导致的严重后果，所以才有了"两国交兵，不斩来使"这个约定，即交战双方不得以任何方式伤害对方传达信息的人员。

21 老子与孔子：兵荒马乱时期的智者

人　　物：老子
别　　称：李耳、李聃、老聃、伯阳
生 卒 年：不详
出 生 地：苦县（今河南省周口市鹿邑县）
历史地位：中国古代思想家、哲学家、文学家和史学家，道家学派的创始人

人物小传

弭兵会盟后，从表面上来看，诸侯国之间暂时恢复了和平。但这不过是因为大国之间打疲惫了，短期内没有能力再打了。

小国虽然免去了连年征战之苦，但也需要承担双倍的负担，同时向晋、楚两国纳贡。

各国内部的矛盾也在不断激化，总体来看，民众还是生活在水深火热之中。

到底是哪里出了问题？为什么人们日子过得这么艰难？怎样才能让日子变得好过一点呢？有一位大思想家，终日思考这些问题，希望能尽自己的一点微薄之力，为大家排忧解难。

这位大思想家名叫李耳，春秋时期楚国人。

相传，他刚出生的时候，身体比较虚弱，外貌也异于常人：他前额宽阔，耳垂特别大。

也正是因为这对标志性的大耳垂，人们又称他为"聃"。

他也就是我们现在说的老子。

舌存齿亡

老子小时候，一直跟随在常枞身边学习。常枞是当时很有学问的人，后来年纪大了，生了重病，老子前去看望他，师徒俩见到彼此都很高兴，不由得聊了很久。

临走前，老子问常枞："您病得这么严重，有没有什么要嘱咐我的呢？"

"当然有呀。"常枞说，"以后，无论你去哪里，路过家乡的时候一定要下车看看。"

老子点点头："我明白，您是让我不要忘记自己的出身和过去。"

常枞又说："遇到比自己年纪大的人，也要恭恭敬敬地迎上去。"

老子点点头："这是要我敬老，您就放心吧。"

"对了，还有一件事。你快看看，我的舌头还在吗？"常枞说着，张开嘴巴，让老子看看。

"当然还在。"老子觉得有些奇怪，回答说。

"你再看看，我的牙齿还在吗？"常枞又问。

"您都这么大年纪了，牙齿早就掉光了。"老子说。

"你知道这是为什么吗？"常枞说。

"舌头是软的，牙齿是硬的。"老子想了想，回答道，"柔软的舌头，用来搅拌食物时会灵活变通，不会有太多损耗。牙齿却要切割、研磨食物，总是磕磕碰碰，容易损伤。"

"不错，就是这个道理。你以后无论遇到什么困难，只要记住这个，就都能安稳地度过了。"常枞点点头，满意地说。

老子明白了老师的意思，是让自己凡事谦虚柔和一点，不要过于刚强，否则难免和人争斗，即便争赢了，对自己也是一种损耗。因此，在以后的日子里，他时刻谨记老师的教导，从不追名逐利，也不和人争，更不会仗着自己厉害就随便欺辱人。

秉承着这样的原则，老子很受周围人的欢迎，后来被推荐给周王室，做了管理藏书的官员。在这个位置上，他兢兢业业工作了十几年，即便被权贵排挤免职，也从没有想过报复对方。

"说不定是件好事呢。"他豁达地想，"我一直想去鲁国看望一位朋友，这下刚好可以成行。"

老子去了之后才发现，这位朋友生了重病，两人见面后没多久朋友就去世了。老子庆幸自己来了，要是再晚一点来就见不着了。

对于朋友的死，老子虽然伤心，但也没有过分执着。毕竟人都是会死的，他这样想着，平静地主持了朋友的葬礼。

孔子问礼

老子曾遇到过一个名叫孔丘的人。孔丘也就是孔子。

"听说您为王室管理过藏书，一定很熟悉礼吧？我从小就对礼很感兴趣，就连做游戏也喜欢演习礼仪动作。您要是有时间，能不能给我讲讲礼呀？"孔

子热切地求教。

老子见孔子千里迢迢而来,非常高兴,与他彻夜长谈之后,带着他去拜访当时的大夫苌(cháng)弘。

苌弘博学多才,擅长音律,孔子老早就仰慕他的才名。见面后,苌弘也为这个年轻人的好学精神所感动,教授他乐律、乐理,带他去观看祭神大典,还带他去见识周王室的祭祀礼仪。这让孔子受益匪浅。

数日后,孔子向老子辞行。老子把孔子一直送到门外,语重心长地说:

"制定礼乐的人,他的骸骨已经腐朽了,但他创造的东西和所说的言论还留存于世。你如果赶上了好时候就出仕,若是没有,就应该像蓬蒿一样随风飘行。

"我听到过这样的说法,一个善于经商的人会把值钱的货物藏起来,就像什么都没有一样;君子修行高尚的人品和德行,但外表看起来却像个愚人。这就是藏拙。你应该摒弃你身上骄傲的神气和诸多的欲望,摒弃不良的神态和不切实际的梦想,这些对你都没有好处。我要对你说的,就只有这些而已。"

孔子回到鲁国后,他的弟子们问他:"您去拜访老子,可见到他了?老子是个什么样的人?"

孔子回答说:"鸟儿,我知道它是善于飞翔的;鱼儿,我知道它是善于游泳的;野兽,我知道它是善于奔跑的。擅长奔跑的野兽能用网捉到,擅长游泳的鱼儿能够用鱼竿钓到,擅长飞翔的鸟能够用羽箭射落。但说到龙这种动物,我就不了解了,据说它能够腾云驾雾飞上青天。我所看到的老子,他大概就像一条龙吧!"

西出函谷关

老子研修道德,他的学说把隐藏自身、不追求功名显达作为最重要的宗旨。他长期居住在周朝都城,眼看着周朝衰落,感触颇多。

年纪大了以后,老子不想再和权贵们周旋了,就准备四处云游。

据说,他走到函谷关时,把守函谷关的官员尹喜很敬佩老子,听说老子要云游归隐,觉得很可惜,就对老子说:"您还是给我们留下点什么再走吧。"

老子同意了,花了几天时间,写了一部著作,交给尹喜,自此出关,之后

再也没有人见过他。

老子最后留下的这部著作，就是《道德经》，一共五千余字，分上下两篇。

在《道德经》中，老子详细阐述了自己思想的核心，那就是道德。在他看来，"道"是自然之道，也是个体修行的方法；"德"不是通常以为的道德或德行，而是修"道"所应具备的特殊的世界观、方法论以及为人处世之方法。人们想要过得好，就要像水一样柔和、包容，不要有太多的欲望，也不要违背自然规律。

《史记》原典精选

孔子适周,将问礼于老子。老子曰:"子所言者,其人与骨皆已朽矣,独其言在耳。且君子得其时则驾,不得其时则蓬累①而行。吾闻之,良贾②深藏若虚,君子盛德容貌若愚。去子之骄气与多欲,态色与淫志,是皆无益于子之身。吾所以告子,若是而已。"

——节选自《老子韩非列传第三》

【注释】

① 蓬累:飞蓬飘转飞行。比喻人行踪无定。　② 良贾:善于经营的大商人。

【译文】

孔子到周的都城,想要向老子请教一些关于礼的问题。老子说:"你所说的这些,创制它们的人骸骨都已经腐朽了,唯独言论留下来还能听到。更何况,君子如果赶上了时运就出仕,若是没有赶上时运就应该像蓬蒿一样随风飘行。我听到过这样的说法,一个善于经商的人会把值钱的货物隐藏起来,就像什么都没有一样;一个品品和德行高尚的君子,看起来却像个愚人。你应该摒弃你身上骄傲的神气和诸多的欲望,摒弃不良的神态和不切实际的欲望,这些对你都没有好处。我所能对你说的,就只有这些而已。"

道家与道教

老子是道家学派的开创者,而道家学派在后世的发展中,又分出了很多不同的派别。庄子是战国时期道家学派的代表人物,是老子思想的继承者和发展者,后世将他与老子并称为"老庄"。庄子向往和谐的世界,追求逍遥的状态。

到了东汉时期,以老庄学派的某些思想为基础,加以咒术信仰和儒家的神道礼仪,逐渐形成了中国本土宗教——道教。

22 伍子胥逃亡：哪儿都待不下去

人　　物：伍子胥
别　　称：伍员、伍芸、伍负
生 卒 年：公元前559年—公元前484年
出 生 地：楚国
历史地位：春秋末期吴国大夫、军事家

人物小传

虽然老子不想再掺和诸侯之间那些乱七八糟的事，但对当时有抱负的年轻人来说，能够进入权力中心，为国君出谋划策，是一件很光荣的事情。

伍子胥就是这样想的。

伍子胥一出生，就已经很接近权力中心了。因为他是伍举的后代，伍举就是故事"一鸣惊人"中给楚庄王讲谜语的那个人，后来被楚庄王委以重任。楚庄王之后，一直到楚平王时期，伍家的人都是楚王身边非常重要的大臣。

楚平王时期，伍子胥的父亲伍奢，因为学识渊博、品德高尚，更是做了太子建的老师。

但太子建还有另外一个老师，叫费无极。他不像伍奢那么正直，反而巧舌如簧，最爱溜须拍马，因而不像伍奢那样受太子建的信任。

伍奢父子被杀

楚平王即位的第二年，觉得太子建到了该娶亲的年纪，就让费无极去秦国提亲。秦国打算把孟嬴嫁给太子建，费无极见孟嬴非常漂亮，竟然动起了歪心思。

他趁一行人还未到楚国国都之前，自己快马赶回来，对楚平王进谗言说："这个女子美极了，您可以自己娶她，再替太子另娶个妻子。"

楚平王一听，觉得很心动，真的这么做了。同时，对给自己出主意的费无极，他也愈发宠信。

很快，这件事就传遍了楚国。费无极担心太子建记恨自己，就在楚平王面前拼命说太子建的坏话。楚平王本来就不是特别喜欢太子建，这么一来，对太子建越来越疏远了，没过几年，就把太子建派去守卫边疆。

即便如此，费无极还是不放心。

"有了孟嬴那件事，太子建就一直看我不顺眼，他怎么会不怨恨您呢？"他假装忠心地提醒楚平王。

"您还是多少防备一点吧。我听说他到了边疆以后，不仅忙着和各位诸侯搞关系，还大力整顿军队，这是惦记着要武力攻回国都啊！"

听费无极这么一说，楚平王也有点担心。他将太子建的老师伍奢叫来斥责了一番："你是太子太傅，就是这么教太子的吗？他居然想造反？"

"怎么可能呢？"伍奢一惊，立刻猜到是费无极在暗中搞鬼，赶紧提醒楚平王，"太子可是您的亲生儿子，您可千万不要被小人蒙骗了呀。"

楚平王见他说得情真意切，就放他走了。

可没过多久，费无极又对楚平王说："您应该知道这句话：先下手为强，后下手遭殃。如果您再不出手整治太子的话，国君的位子是谁的，可就不好说了。"

"但伍奢说，太子并没有造反的意思。"楚平王有点犹豫地说。

"他当然会这么说了。"费无极一副痛心疾首的样子，"因为他和太子就是一伙的，太子的这些动作说不定就有他在背后出谋划策。您想想，如果他帮太子成功篡位了，太子能不重用他吗？您这是被他骗了呀！"

楚平王一听，非常生气，马上派人把伍奢抓了起来，又派人去抓太子建。

太子提前得到了消息，逃到宋国去了。

抓不住太子，抓到伍奢也不错。反正他和我一起教导太子的时候总是抢我的风头，现在正好可以趁机报复他。费无极这样想着，又给楚平王出了一个更狠毒的主意。

"我听说，伍奢有两个很有本事的儿子，一个叫伍尚，一个叫伍员，如果不斩草除根，一定会留下祸患。不如假意让他们前来协助调查，趁机连他们一起杀掉。"

楚平王听信了费无极的话，派人去通知伍尚和伍员，只要他们来协助调查，就赦免了他们父亲的死罪。

伍员也就是伍子胥。员是他的名，子胥是他的字。

"什么协助调查，不过是个幌子。还不是想把我们抓起来一起杀掉，以绝后患。"伍子胥一下子就识破了骗局。

他对哥哥说："与其这样白白去送死，不如逃到别的国家去，慢慢积攒力量，日后为父亲报仇。"

伍尚却一脸平静地说："我知道你说得很对。但如果我们都逃走了，他们就会说我们这是畏罪潜逃，也就更有理由杀父亲了。听说了父亲能够免死，却没人前去，这是不孝；父亲被杀却没人报仇，这是无谋略。根据自身的能力来担起责任，才是正确的做法。不如就由我去见他们，你逃走吧。"

伍子胥虽然舍不得哥哥去送死，但也想不出更好的办法，只得一个人逃走了。

伍尚自己去见楚平王之后，果然就被抓了起来。楚平王和费无极都懒得再

找借口，直接下令将伍奢和伍尚父子处死了。

听说伍子胥逃脱了，楚平王直接派出大队人马气势汹汹地去抓伍子胥。幸亏伍子胥武艺高强、谋略过人，才侥幸逃走。

剑赠渔翁

父亲和哥哥被处死的噩耗传来，伍子胥自此恨上了楚平王。

听说太子建已经逃到了宋国，伍子胥就打算前去辅佐太子，推翻楚平王。

但等他好不容易到了宋国，却发现宋国正在遭遇华氏叛变，为了躲避战乱，他们又不得不去了郑国。

郑国的国君很同情他们的遭遇，一直对他们以礼相待。可太子建却出了昏招。

有一次，太子建去了一趟晋国，晋国国君对他说："如果你能做我的内应，帮我把郑国灭掉，我就把郑国交给你治理。"

太子建认为这是一个不错的条件，满口答应了。

回到郑国以后，太子建马上开始准备了。然而事情还没准备好，太子建就因为一个随从的一件小事恼怒不已，想要杀掉他。

这个随从赶紧逃走了，为了报复太子建，就将太子建和晋国国君的密谋报告给了郑国国君。

"我对你这么好，你却出卖我！"郑国国君一气之下诛杀了太子建。

混乱之中，伍子胥只带着太子的儿子——一个名叫胜的孩子——勉强逃了出去，准备连夜逃往吴国。

郑国国君听说他们逃走了，一边下令各大关卡通缉他们，一边派了大量追兵追杀，把他们追得苦不堪言。伍子胥和胜也走散了。

费了九牛二虎之力，伍子胥才逃到长江边，后面追兵紧跟不舍。

还好伍子胥遇到了一位好心的渔翁，将伍子胥摆渡过江，他这才终于摆脱了追兵。

"您救了我的命，我就用这把剑来报答您吧。"过江后，伍子胥解下身上的佩剑，一脸感激地递给渔翁。

"这把剑的确很值钱，但你不知道吗？前些日子楚王通缉你的时候，承诺了爵位和五万石粟米。我要是贪图名利，何必帮你呢？"渔翁笑着说。

伍子胥见渔翁这样说，郑重地道谢后继续上路了。

因为一路上又惊又吓，还没到吴国的地盘上，伍子胥就生了一场大病，只好停留在半路上。很快，他身上带的钱也花光了，最后不得不靠乞讨度日。

而这时的吴国都城，也正暗地里酝酿着一场腥风血雨，并不是很太平。

《史记》原典精选

至江,江上有一渔父①乘船,知伍胥之急,乃渡伍胥。伍胥既渡,解其剑曰:"此剑直②百金,以与父。"父曰:"楚国之法,得伍胥者赐粟五万石,爵执珪③,岂徒百金剑邪!"不受。

——节选自《伍子胥列传第六》

【注释】

① 渔父:捕鱼的老人。 ② 直:通"值",价值。
③ 执珪:春秋战国时楚国的爵名,是楚国最高爵位。

【译文】

伍子胥逃到江边,江上恰好有一个渔翁驾着船驶过来,知道伍子胥的情况危急,就将伍子胥摆渡过江。伍子胥过江以后,解下身上的佩剑,说:"这把剑价值百金,我把它送给您老人家。"渔翁说:"按照楚国前段时间颁布的法令,捉到伍子胥的人,赏赐五万石粟米,授以执珪的爵位,那又何止是一把价值百金的剑能比的!"渔翁不肯接受伍子胥的剑。

大夫是个什么官?

伍子胥的父亲伍奢除了是太子的老师外,还是楚国的大夫。

在周朝的官职体制中,天子下面是诸侯,诸侯之下又分为卿、大夫、士三级。士下面是平民。

最初,大夫和诸侯一样,也是需要分封并且可以世袭的,因此自然只服务于本国。可后来,随着诸侯国之间战乱不休,大夫的服务对象不再仅限于本国诸侯,也开始为欣赏并能够重用自己的别国国君服务。就比如本文中说到的伍子胥,他本出身于楚国,后来却做了吴国的大夫。

肆〇 中原唱罢东南登场
——夫差和勾践的恩怨情仇

23 吴王僚遇刺：没事不要乱吃鱼

人　　物：吴王僚
别　　称：僚、姬僚、州于
生 卒 年：？—公元前515年
出 生 地：吴国姑苏（今江苏省苏州市姑苏区）
历史地位：春秋时期吴国第二十三任君主

人物小传

吴国的这场腥风血雨，是关于吴王僚和公子光的。

这两个人是堂兄弟，关系很近。长大以后，一个人做了吴王，一个人做了将军，也算是共同掌握吴国大权。不过，公子光一直看吴王僚不顺眼，想要取而代之。

公子光会这么想，也是很正常的。

因为吴国之前的国君之位传承有点特殊。

季札让国

吴王僚和公子光的祖父寿梦生前有四个儿子：长子诸樊，次子余祭，三子余昧，四子季札。寿梦特别喜欢小儿子季札，一直想让他接替自己做国君。

可季札认为，按照规矩，国君的位子应该是大哥诸樊的，于是百般推辞。

诸樊和季札的感情非常好，没有争权夺利的想法，还帮着吴王寿梦劝说季札："既然父亲让你做国君，你就做吧。"

但是季札也很坚持，不肯接受。寿梦就立了长子诸樊为太子，代为处理国家政务。寿梦去世后，诸樊要将王位让给季札，但季札还是不愿意，逼急了就离家出走，躲到民间去让诸樊找不到踪迹。

诸樊没办法，只好自己做了国君。但他临终前没有把王位传给自己的儿子，而是传给了二弟余祭。

"这样依次传下去，总会传到季札手里的。"诸樊叮嘱说。

诸樊去世以后，季札作为弟弟需要回来参加葬礼，也就不能再躲下去了。知道二哥接替大哥做国君已成定局，季札松了一口气，终于同意留在余祭身边，辅佐他治理国家。余祭将季札封在延陵，所以季札的号为延陵季子。

余祭很信任这个弟弟，经常对他委以重任，季札也因此结交了各国的朋友。

有一次，余祭派季札北上出使时路过徐国。徐国国君见季札的随身佩剑精美异常，非常喜欢，但又不好意思开口索要。

心细如发的季札看在眼里，只不过因为去别的国家还要用到这把佩剑，就没有开口说明，只是把这件事放在心里，匆匆告别后就出发了。

等事情忙完后，季札归国时又路过徐国，想把佩剑送给徐国国君。万万没想到，徐国国君已经去世了。

季札得知这个消息后唏嘘不已，亲自去徐国国君墓前祭拜。离开之前，他将佩剑解下，认认真真地挂到了墓旁边的一棵树上。

"您这是在做什么呢？"他的一个随从见了，非常不解地问。

"我想把佩剑送给他。"季札说。

"但他已经去世了，您挂在这里他也看不见，可以不用这样做的呀。"随从更奇怪了。

"不是这样说的。"季札说，"当初他很喜欢这把佩剑，我也早在心里答应把这把佩剑送给他了。现在就算他去世了，这件事也要完成。"

季札就是这样信守承诺的人。因为他的美德和出色的外交才能，各国的士大夫都很敬重他，这也为吴国和中原各国的交流打通了道路。

只可惜，他还是不愿意做国君。

等到他的二哥余祭去世后，王位传到他的三哥余昧手里。三哥余昧去世前，想把国君的位子传给他，他依然再三推辞。最后，架不住大家纷纷来劝，季札又找了个机会，悄悄离开了。

"国不可一日无君，现在季札走了，上一任的国君是余昧，那我们就拥立他的儿子吧。"大家商量过后，拥立余昧的嫡长子僚为国君。

吴王僚继位

对此，诸樊的儿子公子光虽然嘴上没说什么，心里却一直不舒服。

"虽然爷爷、父亲和叔叔们都希望季札做国君，但季札不愿呀！按照顺序，我父亲是他们兄弟四个中第一个做国君的。王位应该传给我才对，怎么能传给僚呢？"

尽管如此，公子光很有心计，并没有过多地表露自己的意思，只是在暗地里积攒势力、笼络人才，希望有一天能取代吴王僚。

在此之前,他还是老老实实地做将军。作为将军,公子光最主要的任务就是去攻打楚国。

前面提到过,吴国的崛起,很大程度上是因为晋国的扶持。楚国内乱,巫臣逃到晋国,建议晋国通过扶植吴国打击楚国。而吴国强大以后,确实经常和楚国发生冲突。

有一次,在两国边境处,一个吴国女子和一个楚国女子因为抢着采桑叶,导致所属的两个家族打起了群架,最终扩大为边境冲突。

一开始,吴国一度处于劣势,边城被楚国灭掉。这让吴王僚勃然大怒,派公子光领兵出战,拿下了楚国的居巢、钟离两座城。

这个时候,伍子胥的病早就好了,也已经带着胜来到吴国都城,凭借自己的能力成了吴王僚的大臣。

"不如趁这个机会出兵去攻打楚国!"伍子胥建议道,"楚国的国力已经大不如前,如果发兵,很可能会一举攻下楚国。"

但作为将军的公子光却反对此时大举进攻楚国:"楚国虽然衰败了,但还是很有实力。我们现在攻打楚国,没有多少获胜的把握。伍子胥之所以这么建议,不过是想借我们的军队为他的父亲和哥哥报仇罢了。您千万不要被他所蒙蔽。"

公子光正在密谋如何取代吴王僚,可不希望吴国被伍子胥的私心搅和得不得安宁,于是这么对吴王僚说。吴王僚觉得公子光说得比较有道理,就下令撤兵了。

这一次的交锋,让公子光注意到了伍子胥,派人盯着伍子胥的一举一动,时刻防备他再捣乱。伍子胥见公子光看穿了自己的心思,出于自保,便也开始多方打听公子光的喜好,想博取公子光的好感。

"他特别喜欢笼络武艺高强的人。"有人告诉伍子胥。

伍子胥仔细一想,自己在逃来吴国的路上,认识了一个名叫专诸的人,有万夫不当之勇,于是派人去请专诸,并把专诸引荐给了公子光。

公子光得到专诸后十分高兴,自此想把伍子胥笼络到自己麾下,以宾客之礼招待他。但伍子胥隐约感觉到,公子光笼络这么多武艺高强的人一定是要做很危险的事,所以并没有留下来,而是带着胜隐居去了。

专诸刺吴王僚

又过了几年,楚平王去世。吴王僚趁着楚国忙于丧事无暇顾及其他,派两个弟弟盖余、烛庸带着重兵去攻打楚国的六、灊两城,又派了季札前往晋国,观察诸侯国的反应。

战事并不顺利,楚国发兵截断了吴军后路,吴军被困在楚国,撤退不得。

"吴国的精兵都被困在国外,季札也被他派出国了。吴王僚的孩子又都还小,派不上用场,只凭他自己是没法与我抗衡的,这是个千古难逢的好机会。"公子光思量着。

他对专诸说:"我才是真正的王位继承人,我要夺回王位。你愿意为我刺杀吴王僚吗?"

"当然愿意!自从来到这里,您一直对我很好,现在就是我报答您的时候了!"专诸说。

"好。事成之后,我一定不会亏待你。"公子光说着,开始准备刺杀行动。

他在自己府上的地下室中埋伏了很多武士,派人去请吴王僚来府上吃饭。

吴王僚也一直对公子光很有戒心,带了很多士兵浩浩荡荡地来到公子光家,公子光家的外门、台阶、内门、座位,都站满了吴王僚的亲兵,各个都手持利刃严阵以待。

但他万万没想到,公子光根本不打算和他硬碰硬。

宴席上,兄弟俩推杯换盏,又吃又喝,开心极了。

侍者报菜名说:"大王,下一道菜是鱼!"

"应该很好吃吧。"吴王僚期待地说,"我最爱吃鱼了。"

他万万想不到,端着鱼的那个人就是公子光派来要他命的专诸。专诸伪装得非常好,顺利躲过了吴王僚亲兵的搜查,端着鱼低眉顺眼地走向吴王僚,和其他上菜的仆人没有区别,一点都没有引起吴王僚的警惕。

公子光一见专诸来了,马上就按计划站起来,找了个借口离开了。

没过多久,就听到屋内传来吴王僚的一声惨叫。原来,专诸端着的那条鱼肚子里藏着一把寒光闪闪的匕首。等走到吴王僚面前上菜时,专诸快速抽出匕首,成功刺杀了吴王僚。

吴王僚的亲兵见吴王僚被刺杀,马上把专诸包围了起来。公子光也赶紧召唤出提前藏好的武士们。双方陷入混战。最后,专诸命丧当场,吴王僚的亲兵们也被全部剿灭了。

之后,公子光终于实现夙愿,取代吴王僚成为下一任国君,也就是吴王阖闾(hé lú,也作"阖庐")。

《史记》原典精选

四月丙子,光伏甲士于窟室,而谒①王僚饮。王僚使兵陈于道,自王宫至光之家,门阶户席,皆王僚之亲也,人夹持铍②。公子光详③为足疾,入于窟室,使专诸置匕首于炙鱼之中以进食。手匕首刺王僚,铍交于匈④,遂弑王僚。公子光竟代立为王,是为吴王阖庐。阖庐乃以专诸子为卿。

——节选自《吴太伯世家第一》

【注释】

① 谒:请。 ② 铍:两刃剑。 ③ 详:通"佯",假装。 ④ 匈:通"胸"。

【译文】

四月丙子日,公子光在自己家中的地下室埋伏了武士,邀请吴王僚前来饮酒。吴王僚让士兵排列在沿途的路旁,从王宫到公子光的家,外门、台阶、内门、座位,都有吴王僚的亲兵,各个人都手持利刃。公子光假装脚疼,躲进了地下室,命专诸将匕首藏在烤鱼的腹中,再将鱼送给吴王僚。专诸用手抽出匕首刺向吴王僚,尽管他被吴王僚的亲兵刺中了胸膛,还是杀死了吴王僚。公子光最终自立为王,就是吴王阖庐。阖庐任命专诸的儿子做了卿。

匕首和剑

专诸用来刺杀吴王僚的匕首,相传名为鱼肠剑,由铸剑大师欧冶子为越王所制,越王将其进献给了吴国,是古代名兵之一。早在尧、舜时期就已有匕首,因为形状像古人取食的器具匕而得名。

剑由匕首演化而来,商代末期已经开始出现青铜剑。春秋末期,出于战争需要,剑变得越来越长,并用于装备军队。后来又被士人们当作佩饰,有"兵器中的君子"之美名。因此,人们又称它为"百兵之君"。

24 阖闾攻楚：有了孙武，我也能称霸

人　　物：阖闾
别　　称：阖庐、姬光、公子光
生 卒 年：？—公元前496年
出 生 地：吴国姑苏（今江苏省苏州市姑苏区）
历史地位：春秋末期吴国君主，军事统帅

人物小传

　　吴王阖闾执掌大权后，不仅好好安葬了专诸，把他的后代任命为卿，还派人去请伍子胥出来做官，以报答伍子胥向他推荐专诸的情谊。

　　如果能就此成为吴王阖闾的亲信，距离给父亲和哥哥报仇也就更近了一步。伍子胥这样想着，毫不犹豫地答应了。

　　没过多久，楚国又逃来一个名叫伯嚭（pǐ）的人。

　　这个人的情况和伍子胥差不多，祖先也是楚国贵族，世代辅佐楚王，他们家也是因为被费无极陷害，灭了全族。

　　"他和我的经历何其相似！太可怜了！"伍子胥听说了伯嚭的遭遇后，非常同情，当即把他推荐给吴王阖闾。

"您真的这么信任他吗？最好还是留意一点吧。如果他以后发展得好，对您未必是好事。"伍子胥身边的人觉得伯嚭刚愎自用、贪功冒进，暗中提醒伍子胥。

"怎么可能呢？我们都是被楚平王和费无极迫害的人呀！再说了，我在他如此困难的时候这样帮助他，无论什么时候，他都一定对我非常感激，怎么会对我不利呢？"伍子胥不以为然，依旧不停地在吴王阖闾面前为伯嚭说好话。

吴王阖闾非常信任伍子胥，已经任命他做了大夫。见伍子胥这么推荐伯嚭，阖闾就召见了他。经过交谈，阖闾觉得伯嚭也确实有些才能，就让伯嚭也做了大夫，和伍子胥一起帮助自己处理国事。

孙武练兵

除了伯嚭，伍子胥还给吴王阖闾推荐了一个非常重要的人，那就是孙武，也就是我们后世所说的孙子。

孙武原本是齐国人，因为避乱来到吴国，后来与伍子胥结为好友。因为孙武擅长用兵之法，伍子胥就将他和他写的十三篇兵法举荐给吴王阖闾，阖闾于是召见了他。

"你写的兵法我都看过了。但行军打仗只凭这些可不行，您能实际演习一番吗？"吴王阖闾对孙武说。

"当然可以。"孙武说。

"如果用现成的士兵，很难显示出你练兵的本领。就用我宫里的这些女子可以吗？"吴王阖闾问。

"可以。"孙武说。

于是，吴王阖闾从后宫中召集了一百八十个女子，交给孙武演习。孙武让她们站成两队，先是任命了两位队长，又把兵器交给队长，让她们分发下去。

等一切都准备好了，孙武问她们："知道心口、左手、右手和后背都在哪里吗？"

"知道。"大家一起说。

"那好，我现在给你们讲解基本动作和规则。我命令你们向前时，你们朝自己心口所对的方向行进；命令你们向左转时，你们就朝自己左手的方向转；命令你们向右转时，你们就朝自己右手的方向转；命令你们向后转时，你们就朝自己的后背方向转。"孙武耐心地讲了很多遍规则，直到她们都弄明白了，又让人将用来惩罚的斧钺也搬出来，告诉她们要听令行事，否则会有惩罚。

这些事情都做完之后，孙武才命人击鼓，发号施令，命令她们向右行进。

这些女子虽然听懂了孙武的意思，但她们你看看我，我看看你，都觉得彼此拿着兵器、一本正经的样子十分有趣，纷纷嬉笑起来，把孙武的命令当成了耳旁风。

"可能你们还是有哪里不明白。如果真是这样，是我没当好将领。"孙武说完，又复讲了好几遍规则，然后派人击鼓，命令她们向左行进。

这一次，大家非但没有按照命令行动，还觉得孙武一脸严肃、有点生气的样子非常滑稽，笑得更厉害了。

"没把话说清楚，是将领的过错；听清楚命令却不服从，是士兵的过错。士兵之所以如此，都是因为队长没有以身作则。按照军令，应该把队长斩首。"孙武脸色一沉，严肃地说。

这两位队长可都是吴王阖闾宠爱的姬妾，一听孙武这么说，在高台上的阖间赶紧劝阻说：

"算了算了。我知道你的本事了，还是饶了她们吧。"

"这怎么可以？我既然已经接受了大王的命令担任将领训练士兵，就一定要做到。将领虽然需要服从国君的命令，但在如何治理军队的问题上，可以不接受国君的建议。"孙武一边反驳，一边真的让人处罚了队长，以此警示众人。然后又任命了两个新队长。

大家总算知道孙武不是闹着玩的，再次听到鼓声的时候，每个人都表现得非常听话，所有的动作也都合乎标准和要求。

"士兵已经训练好了。"孙武对此非常满意,转身对吴王阖闾说,"现在,您让她们干什么,她们就会干什么,哪怕是上刀山下火海也可以。"

经此一事,吴王阖闾终于见识到孙武的手段,很快让他当了将军。

吴王攻楚

孙武果然非常善于领兵,没过多久,带兵去打楚国,不费吹灰之力就夺取了楚国的舒邑,还活捉了吴王僚的两个弟弟。

这两个人就是之前滞留在楚国的烛庸、盖余。前面我们提到过,吴王僚派他们攻打楚国,结果他们被困在楚国,撤退不得。后来得知吴王僚被阖闾所杀,他们干脆就投降了楚国,没有再回吴国。

吴王阖闾抓到他们以后非常开心,就对孙武说:"我们干脆乘胜进军,一直打到楚国的都城去!"

孙武却劝他说:"我认为,我们还是暂时回国的好。士兵们已经很疲劳了,如果勉强进军不一定会胜利,不如徐徐图之。"

吴王阖闾听从了他的建议,下令带兵回国了。

几年后,楚国围攻蔡国。蔡国是吴国的附属国,因此向吴国求救。吴王阖闾亲自率军,以伍子胥、孙武为大将,自己的亲弟弟夫概为先锋,前去援救。

夫概请战说:"我们现在用不着怕楚国。我可以打头阵,咱们主动出击,保证杀得他们片甲不留。"

"你这样太冲动了,一点章法都没有。"吴王阖闾比较犹豫,没有答应他的请求。

夫概却是个急脾气,即便没有得到允许,还是带着自己的先锋营出动了。

幸运的是，楚军果然不禁打，没过多久就被打得阵势大乱，四处溃逃。

阖闾见夫概的突袭得手，也连忙让主力部队投入战斗，吴军一路长驱直入，一直打进楚国都城，也就是郢都。

这时候，楚平王已经死了，当政的是他儿子楚昭王。楚昭王见势不好，赶紧逃走。大臣们也纷纷逃窜，以求自保。

这些大臣中，有个名叫申包胥的人。他原本已经逃进了山里，但当他听说伍子胥随着吴军攻入郢都后，不仅掘开了楚平王的坟墓，还对楚平王的尸体不敬，便决定去秦国搬救兵。

他为什么要去秦国呢？除了因为秦国有实力，也因为楚昭王的母亲是秦国

人。但申包胥的行程并不顺利。一开始,秦国并不想掺和吴国和楚国的恩怨,拒绝了他。

申包胥非常伤心,他站在秦国国君的宫殿前,日夜不停地哭泣,一直哭了七天七夜。

"他可真是个忠臣啊。楚王虽然是无道昏君,可楚国有这样的臣子,怎么能不救它呢!"秦国国君秦哀公被感动,因此改变主意,派兵援助楚国抗击吴国。

"秦军眼看就要到了,我们还是见好就收吧。"孙武和伍子胥听说了秦国出兵的消息,都来劝吴王阖闾。

"秦军有什么好怕的?我们自发兵以来,攻无不克,战无不胜,这次一定也可以战胜秦军!"伯嚭却贪功恃大、前去请战,觉得不能长别人志气,灭自己威风。

吴王阖闾觉得他很勇敢,同意让他带兵出战。

结果,伯嚭的军队一出动,就被秦军截为三段,分别包围起来,很快就要被打得溃败。幸亏伍子胥及时带人来救,伯嚭才逃得一命。

吴王阖闾见和秦军作战真的讨不到什么便宜,终于采纳了孙武和伍子胥的建议,罢兵休战了。

《史记》原典精选

　　三十一年，吴王阖闾与伍子胥伐楚，楚王亡奔随，吴遂入郢。楚大夫申包胥来告急，七日不食，日夜哭泣。于是秦乃发<u>五百乘</u>①救楚，败吴师。吴师归，楚昭王乃得复入郢。

——节选自《秦本纪第五》

【注释】

❶五百乘：五百辆兵车，古代一车四马为一乘。

【译文】

　　秦哀公三十一年（公元前506年），吴王阖闾和伍子胥讨伐楚国，楚昭王逃到随国，吴军进入楚国郢都。楚国的大夫申包胥来到秦国求救，他七天不吃东西，从早到晚哭泣。于是秦国就调发五百辆兵车去救援楚国，打败了吴军。吴军撤退以后，楚昭王才得以重新回到郢都。

兵家是个什么家

　　春秋末期，诸侯国为了争霸，战争频发，急需大量军事方面的专业人才。在这种背景下，以作战、用兵为主要研究对象的"兵家"便脱颖而出。

　　孙武被认为是兵家学派的开创者、重要的代表人物之一，被后世尊为"兵圣"。他写成的《孙子兵法》，虽然只有约六千字，却是中国现存最早的兵书，也是世界范围内的第一部兵书，被誉为"兵学圣典"。

25 伯嚭祸国：同病相怜？是你想太多

人　　物：伯嚭
别　　称：伯否、太宰嚭、太宰否
生 卒 年：？—公元前 473 年
出 生 地：楚国
历史地位：春秋后期吴国重臣

人物小传

　　吴王阖闾之所以不再继续打楚国，不仅是因为秦军实力强劲，也因为他的邻国越国趁他兴师动众打楚国的时候，开始频繁骚扰吴国边境。

　　越国的先祖是夏朝第六代夏王少康的庶子，少康将他封在会稽负责对夏禹的祭祀。自此以后，他们就在那里繁衍生息，直到吴王阖闾生活的年代，已经传承了好几十代了，越国的国君之位也传到了越王允常手里。

　　这次带兵攻打吴国的，正是允常。他听说吴王阖闾带着大军攻入楚国郢都，国内空虚，就乘机攻打吴国。

　　"情况虽然很紧急，但我一时半会儿也回不去呀！"

　　吴王阖闾听到消息后，只能调用了还留在国内的一部分军队去对抗越国。

但这部分军队当初被留在国内就是因为实力不行，他们和越军一交战就被打得很惨。

"阖闾本人和大军被秦军拖住了，短时间内回不去；他的另外一支军队又忙着和越国作战。我不如趁这个机会回到国都去，顶替他做吴王。"夫概这样想着，就偷偷带着手下回到吴国都城，自立为王。

阖闾之死

"作为亲弟弟，他竟然和我玩这一手！"

吴王阖闾非常生气，马上带兵回国，攻打夫概。

夫概战败，没有办法，只好逃到楚国去。

这时候，楚昭王也趁着吴军撤离重新回到了郢都，他将夫概封在堂溪。

吴国和楚国本来就有很多矛盾，现在又多了这件事，更是新仇旧恨一起算，没过两年，吴王阖闾就派太子夫差再次征讨楚国。这一次，他们不仅彻底打败了楚军，还迫使楚国把都城迁到了鄀。

诸侯们听说曾经那么强大的楚国都成了吴国的手下败将，都认为吴国非常厉害，从那以后，吴国的名声响极了。吴王阖闾也成了威震四方的霸主。

打败楚国以后，吴王阖闾继续收拾越国。

这时候，允常已经去世了，接替他位子的是他的儿子勾践。

勾践十分清楚，如果硬碰硬，很难打得过吴军，于是想出了一个奇特的主意。在两军对阵的时候，勾践连续派出了好几支敢死队，让他们一边高呼着口号，一边冲向吴军，冲阵失败后就在阵前自刎而死。

吴军从没见过这样的阵势，觉得奇怪，只顾着看热闹，放松了防备。越军趁机大举进攻,在姑苏打败了吴军,就连吴王阖闾的大脚趾也在乱军之中被砍伤。

后来阖闾因为创伤发作,流血不止,最终身亡。他的太子夫差也正是在这种情况下即位的。

夫差报父仇

阖闾去世前，曾问夫差说："你能忘记是勾践杀死了你父亲吗？"

夫差回答说："不敢忘！"

夫差成为吴王后，时刻不忘勾践害自己父亲身死之仇。他就此发愤图强，努力练兵，想要报仇雪恨。

他即位的第二年，就派出吴国所有的精兵攻打越国。此次出兵，夫差亲自领兵，带着伍子胥和伯嚭一起，战事进展得非常顺利，吴军一路势如破竹，最终逼得勾践仅带着五千士兵退到会稽山中，派人前来求和。

本来，夫差觉得自己把勾践逼到这种地步，已经取得了绝对的胜利，算是报仇了。但伍子胥劝他说："为什么不乘胜追击，彻底灭掉越国呢？从前，寒浞追杀相的时候，漏掉了他怀孕的妻子后缗，这才有了少康的复国。如今斩草不除根，以后肯定会后悔。"

夫差觉得伍子胥说得很对，于是拒绝了勾践的求和。

勾践见求和无望，打算带着仅剩的五千士兵，和吴军决一死战。

这时候，他手下一个叫文种的大臣说："我听说吴国大臣伯嚭贪财，不如送他一些厚礼，让他向夫差说些好话。"

如果能有办法，勾践也不想拼命。他觉得文种的计策可以试一试，就派文种去办这件事。

文种带着众多礼物去见伯嚭，伯嚭得到礼物后，果然非常开心，第二天一早，就去求见夫差，言辞恳切地说："与其把勾践逼急了和我们拼命，不如暂时放过他，接受他的求和。反正他说愿意举全国之力做吴国的奴仆，就连他自己也愿意亲自带着妻子一起来吴国侍奉您。他现在已经臣服于您了。"

夫差被伯嚭奉承得高兴，也就同意了越国的求和。

尽管伍子胥看出了这是越国的缓兵之计，再三阻拦，但夫差只听信伯嚭的话，与越国签订盟约后就撤兵回国了。

君臣离心

接下来的几年，伍子胥和夫差、伯嚭等人的矛盾越来越大，最终在吴国对齐国的两次征讨中，闹得一发不可收拾。

事情是这样的——

本来，夫差听说齐景公死了，齐国大臣们争权夺位，新立的国君地位不稳，就想发兵去打齐国。

伍子胥却劝他说："吴国最先需要忌惮的应该是越国。我听说勾践自从兵败之后，励精图治，想要报复我们。所以，我们与其去打齐国，不如去打越国。"

但夫差没有听从他的建议，执意发兵北上伐齐，还在艾陵将齐军打得大败。

喜讯传来，整个吴国都忙着庆贺胜利，伍子胥却又给夫差浇了一盆冷水："您不要高兴得太早。我们打败了齐军，就好像是得到了一块石头田地，没什么用途。"

夫差听完，非常生气。伯嚭也趁机进谗言，夫差更加不喜欢伍子胥了。

伍子胥见状，觉得国君不明白自己的苦心，也非常郁闷，想来想去，试图用自杀证明自己的一片忠心。

夫差听说后，觉得事情没必要闹成这样，伍子胥还是个不错的人才，对吴国有功，于是让人拦住了伍子胥。

但是，夫差尝到一次攻打齐国的甜头，还想得到更多。

没过多久，他又要发兵攻打齐国。这一次，勾践为了表示对夫差的尊敬和服从，也请求带兵协同作战。夫差同意了。

伍子胥知道了，又对夫差说："您为什么这么相信越国，反而三番五次地打齐国呢？就算打下齐国，他们的土地离我们这么远，也很难守得住呀！反而是越国，表面上顺从，实则狼子野心，以后一定会成为我们的心腹大患。"

夫差听完后，很不愉快。

越国的文种听说后，对勾践说："我看夫差执政这么多年，已经陷入骄横自大的状态了，不如咱们尝试着向他借粮，来试探一下他对越国的态度吧。"

勾践也觉得可行。

于是派文种前往吴国请求借粮，文种的姿态卑微、言辞恳切，夫差被哄骗得很高兴，就打算借给他。

伍子胥规劝夫差不要借，但夫差最后还是把粮借给了越国，勾践于是暗自高兴。

伍子胥对夫差说："大王不听我的劝告，不出三年，吴国就会变为废墟！"

伯嚭听到这些话，就数次在对待越国的政策问题上与伍子胥争论不休，并趁机进谗陷害伍子胥。

伯嚭当初虽然是靠着伍子胥的引荐才得以做了吴国大臣，但自从夫差做了吴王以后，他的地位越来越高，和伍子胥之间的嫌隙也越来越大。这一次，他趁着伍子胥惹得夫差不快的机会，对夫差说：

"伍员表面上看着忠诚，实际上却是个残忍的人，连他父亲和哥哥的性命都可以不管不顾，怎么可能真心顾及大王呢？更何况，这些年他屡次劝您，您都不听，难免会对您心生怨恨，转而投靠别的国家。您对他不得不防啊！"

伍子胥之死

吴王一开始并不相信,就派伍子胥出使齐国,伍子胥想到自己屡次劝谏夫差都不听,就将儿子托付给在齐国的故交鲍氏,省得他受自己的连累。

伯嚭听说后,又对夫差说:"您不觉得伍子胥总拦着您打齐国很奇怪吗?我听说,前段时间他趁出使齐国的机会,把儿子托付给了齐国的大臣。您说,他这么做会不会是想叛离吴国,归顺齐国呀?"

吴王因此大怒,说:"伍员果然欺骗我!他之前就总是和我对着干,我还想着他对吴国有功不忍处罚他,没想到他居然敢背叛我,不能留他了。"

"既然您也这么想,不如赐死他吧。"伯嚭说。

夫差觉得有道理,等伍子胥完成使命回国后,马上派人给伍子胥送去一把宝剑。伍子胥一见宝剑,顿时什么都明白了。

他赤脚走到中庭,仰天长叹道:

"当初我觉得自己和伯嚭同病相怜,才不遗余力地帮助他。没想到,他收了越国的好处,竟然如此不念旧情,连我都要陷害。"

不仅如此,伍子胥对于吴王夫差也很怨恨。

临死前,伍子胥反复交代自己的朋友:"夫差这么不分好坏、不听劝告,早晚有一天,吴国会被越国灭亡。我虽然现在要死了,但我希望等我死后你能摘下我的眼睛,挂在城门上,我要亲眼看到吴国灭亡的这一天,才能解我心头之恨!"

只可惜,伍子胥没能实现这个愿望。因为他的这些话传到了夫差的耳朵里,让夫差怒火中烧。

"挂在城门上？做梦！我要把你封在皮袋里，让你烂在江里喂鱼，什么也看不见！"

一代名将伍子胥最后落了这么个结局，吴国的人哀怜他的遭遇，就为他在江边立祠，并把江边的山命名为胥山。

《史记》原典精选

　　太宰嚭闻之,乃数与子胥争越议,因谗子胥曰:"伍员貌忠而实忍人[①],其父兄不顾,安能顾王?王前欲伐齐,员强谏,已而有功,用是反怨王。王不备伍员,员必为乱。"与逢同共谋,谗之王。王始不从,乃使子胥于齐,闻其托子于鲍氏[②],王乃大怒,曰:"伍员果欺寡人!"役反,使人赐子胥属镂剑以自杀。

——节选自《越王勾践世家第十一》

【注释】

　　❶ 忍人:残忍、无情的人。　❷ 鲍氏:齐国的大贵族。

【译文】

　　太宰伯嚭听到这些话,就数次在对待越国的政策上与伍子胥争论不休,并趁机进谗言陷害伍子胥:"伍员表面上看着忠诚,实际上却是残忍的人,连他的父亲与哥哥都不管不顾,怎么可能真心顾及大王呢?大王从前想要讨伐齐国,伍员极力劝阻,不久讨伐齐国获胜,他反而因此对大王心存怨恨。大王不防范伍员,伍员必定会作乱。"伯嚭又与越国大夫逢同合谋,向吴王进谗言诬陷伍子胥。吴王一开始并不相信,就派伍子胥出使齐国,听说伍子胥把他的儿子托付给了齐国的鲍氏,吴王于是大怒,说:"伍员果然欺骗我!"等伍子胥完成使命回国后,吴王派人赐给了伍子胥一把属镂剑并命其自杀。

端午节的由来

端午的由来众说纷纭，有"屈原说""伍子胥说""曹娥说"等。

虽然"屈原说"最受认同，但闻一多先生在《端午考》和《端午的历史教育》中，以翔实的史料考证端午节起源于古代南方吴越民族图腾祭祀活动，在时间上早于屈原。

"端"字本义为"正"，"午"字本义为"中"。人们发现，每到这天，苍龙七宿都会处在天空正南最中央，这也是一年中阳气最旺的一天，因此祭龙祭祖，大肆庆祝。赛龙舟、吃粽子等习俗都是这些祭祀活动的衍生品。

孔子去鲁：强拆引发的风波

人　　物：孔子
别　　称：孔丘、仲尼、尼父、孔夫子
生 卒 年：公元前551年—公元前479年
出 生 地：鲁国陬邑（今山东省曲阜市）
历史地位：中国古代伟大的思想家、教育家，儒家学派创始人

人物小传

几乎在同一时期，鲁国的孔子也面临和伍子胥一样的困境。

他比伍子胥好一点，没有丢掉性命，但也就此开启了长达十四年的流亡，无论到哪个国家，都因为各种各样的原因，没法完全施展抱负，日子过得非常困窘、郁闷。

之所以如此，说到底，还是因为三桓。

孔子入仕

孔子三岁的时候，父亲就去世了，十七岁的时候，母亲也去世了，他独自一人，无依无靠，日子过得非常困窘。虽然父亲生前做过官，但也不是什么大官，没有留下多少钱，日子过得苦点就算了，他还经常被那些有权有势的人看不起。

谁是有权有势的人呢？

三桓。

确切地说，是庆父、叔牙和季友的后代。

庆父、叔牙、季友都是鲁桓公的儿子，鲁桓公的嫡长子姬同继承了鲁国国君之位，也就是鲁庄公。鲁庄公即位后，三个兄弟都被封官为卿，其后代形成了大家族，分别演化为孟孙氏、叔孙氏、季孙氏。因为庆父、叔牙和季友都是鲁桓公的儿子，后世又把他们并称为"三桓"。

之后的很多年里，三桓都是鲁国的望族。其中的季孙氏因为曾经拥立过国君，势力尤其大。

欺辱孔子的，正是季孙氏的家臣之一——阳虎。

这件事是这样的：季孙氏设宴款待名士，孔子认为自己承袭了父亲的身份，也前去参加。到了门口，却被阳虎拦在外面，嘲笑说："我们宴请的是名士，你算什么东西？"

孔子看不惯阳虎专横跋扈的作为，也不屑与他争论，径直离开了。

又过了一些年，孔子长大成人，想走仕途，找一些差事做。虽然还对当年阳虎欺辱自己的事耿耿于怀，但无奈季孙氏的势力太大，只能去那里试试。而季孙氏虽然任用了他，却只让他做一些小官，先去管仓库，又去管畜牧。

孔子管仓库的时候，出纳粮食及财物全都算得公平准确；担任管理畜牧的小吏时，使牲畜繁殖得很好。因此，季孙氏让他做了司空。

孔子觉得自己不受重视，不久后离开鲁国，去其他诸侯国寻找机会，以实现自己的抱负。

然而，他在齐国受到排斥，在宋国和卫国遭到驱逐，在陈国和蔡国之间受困，只得返回鲁国。

鲁国的环境对他也不友好，因为阳虎的势力越来越大。你们一定还记得，阳虎曾经公然欺辱过孔子。现在阳虎得势，孔子觉得如果去他手下任职，难免会再受委屈，所以孔子也就一直没有出去做官。

他开始收徒讲学，宣扬自己的学说，渐渐地，愿意跟随他学习的人越来越多，他的名气越来越大。人们都不直呼他的名字，而尊称他为"孔子"。

好在，阳虎的好日子很快就要到头了。

阳虎原本是季孙氏的家臣，但渐渐地，他开始不把季孙氏放在眼里，甚至还想取而代之。

季平子去世之后，阳虎囚禁了季桓子，季桓子答应了阳虎一些条件后才被释放。但自此之后，阳虎通过控制季桓子，间接把控了鲁国国政。权力的扩大让阳虎野心更大了，他甚至想杀掉三桓所有的嫡系继承人，改立和他关系密切的庶子。

三桓识破了他的阴谋，联合起来攻打阳虎，之后，阳虎先是逃到齐国，不久后又逃到晋国，投奔赵氏。

阳虎一走，孔子就开始出来活动了。

孔子削三桓

这时候，孔子已经五十多岁了。

因为胆识过人，博学多才，孔子很快取得了鲁定公的信任。

这一年，鲁定公和齐景公在夹谷举行盟会，孔子作为相礼（典礼中担任司仪的人）跟随鲁定公一起去。齐国人想要趁机偷袭鲁国国君，孔子识破了想要作乱的乐工，又命鲁国的大将刀斩了戏耍鲁定公的领班艺人，齐景公畏惧，这才停止了行动，并且归还了侵占鲁国的土地，向鲁国谢罪。

回去以后，鲁定公就对左丘明说："我想任命孔子做大官，你觉得用不用问一问三桓的意见？"

左丘明的先祖是齐国的贵族，因为内乱去了楚国，世代担任史官。后来楚国也燃起了战火，就又北上到了鲁国。

听到鲁定公这么问，左丘明含笑对鲁定公说："我给您讲个故事吧。从前，有人想做一件毛皮大衣，去问一只狐狸，你能不能把皮毛扒下来给我呀？狐狸一听，吓得赶紧一溜烟跑了。这个人觉得特别奇怪，摸一摸肚子，觉得饿了，看到附近的草地上有只羊，就走过去问羊，你能不能把肉割下来给我吃呀？羊一听，马上撒开四蹄跑得比狐狸还快。不过，这个人还是不知道为什么，继续去找别的狐狸和羊，结果好几年过去了，他也没有穿上毛皮大衣、吃到羊肉。"

"你的意思是，三桓就像故事里的狐狸和羊，我如果问他们的意见，就会像那个人一样荒唐可笑？"鲁定公一下子就明白了。

"是啊。孔子是当今的大圣人。圣人一当政，犯错误的人就很难保住自己的官位。您应该也没有忘记，孔子一直主张削弱三桓的势力。如果您去问三桓，他们一定会千方百计地阻拦您任用孔子，怎么可能同意呢？"左丘明说。

鲁定公觉得左丘明说得很对，于是，没有去问三桓的意见，就直接任命了孔子。孔子接受任命后，知道了这件事，非常感激左丘明，二人从此成了好朋友，还曾一起去周朝都城查阅文史资料。

又过了一段时间，果然像左丘明预测的那样，孔子对三桓下手了。

作为鲁国的大族，三桓都有自己的都邑，都邑还修建了牢固的城墙，里面养了很多私兵。孔子认为这对国君权力是极大的威胁，就向鲁定公提出了"堕三都"的建议。

鲁定公也想削弱三桓的实力，就派孔子去拆毁三桓都邑的城墙，收缴他们的武器。结果，拆第一座都邑的城墙时还算顺利；拆第二座的时候，遭到了激烈反抗，对方一度打到鲁定公的宫殿里，幸亏卫士们奋力抵抗，鲁定公才没有被杀死。

出了这种事，鲁定公也很生气，于是派出了更多的军队，才终于在磕磕绊绊中把第二座都邑的城墙也拆除了。

第三座都邑始终是个问题。因为它的实力更强，还联合了齐国军队，陈兵在鲁国边境，只等鲁定公派出军队和三桓打起来就来坐收渔翁之利。鲁定公最终只得放弃，"堕三都"行动就此半途而废。

周游列国

尽管这件事最后不了了之，但孔子因此得罪了很多人，大臣们纷纷疏远他，鲁定公对他也没有之前那么重视了。

"情况这么糟糕，您还是去别的国家找找机会吧。"子路向孔子建议道。

子路比孔子小九岁，他的出身也不太好，需要从事各种劳作来维持家庭生活，甚至经常吃野菜充饥。但他对父母非常孝顺，《二十四孝》中《为亲负米》说的就是子路的故事。

他为人坦荡，即便穿着用乱麻絮做成的破旧袍子，和穿着裘皮大衣的人站在一起，也能侃侃而谈，不会自卑。也正是因为有着爽直勇敢、孝顺父母的好名声，子路很受人信任和赏识。

最初，子路并不赞同孔子的主张，甚至曾经像阳虎一样，在众人面前欺辱过孔子。但渐渐地，他认识到了孔子品德高尚、善良博学，觉得孔子值得尊敬，于是请求拜孔子为师，接受孔子的教导。

孔子曾说："自从有了子路后，我就没有再听到恶意的言辞。"因为子路为人勇武，爱伸张正义。

但这也是孔子担心的地方，他经常委婉地劝说子路："你性格这样好勇，会招来祸端，甚至丢掉性命，还是温和一点的好。"

子路总是满不在乎地说："没关系，您就放心吧！您是我的老师，我保护您是应该的。"

孔子也知道，子路的确忠心耿耿，就算所有人都离自己而去，子路也会始终陪伴在自己身边。

所以子路劝他离开鲁国的时候，他十分清楚，子路确实是在为自己着想。如果继续留在鲁国，只有坏处。

更何况，子路还给他提供了一个不错的去处。

"您可以去卫国。"子路对孔子说，"我妻子的哥哥颜浊邹在卫国做官，他可以把您推荐给卫国的国君。"

孔子就这样开始了周游列国的旅程。

他并不是孤身一人，身边带了很多弟子。

只可惜，周游的第一站——卫国就很不顺利。他们到了卫国以后，虽然由颜浊邹引荐见到了卫国国君，得到了卫君的礼待。可没过多久，卫国的大臣就开始说孔子的坏话，国君对孔子也就没有那么好了。

孔子和弟子们只在卫国住了不到一年,就不得不离开。他们打算去陈国,但在路过匡邑的时候,因为孔子长得像阳虎,而阳虎曾经残害过当地人,人们把孔子拘押了好些天才又把他放出来。

孔子见外面这么乱,不得已之下,只好又回到卫国。卫国国君依然不怎么重视他,对他的态度也时好时坏。

孔子非常无奈，带着弟子们又先后去曹国、宋国。可他不仅没什么收获，宋国的大臣还想杀死他。为了躲避追杀，他们仓皇离开宋国，去了郑国。混乱之中，孔子还和弟子们走失了。

大家发现孔子不见了，忙着四处去找。有人对他们说："城门那里有个人，长得相貌堂堂，可是看起来瘦弱不堪，非常疲惫，就像丧家之犬一样。"

弟子们听完，赶过去一看，果然就是孔子。

但孔子听说了这些话，并没有生气，反而笑着说："相貌堂堂倒不一定，但我被迫离开自己的国家，走到哪里都不得志，不像丧家之犬又像什么呢？"

之后的很长一段时间里，他们一直在郑国、陈国、卫国、蔡国之间流转，终日颠沛流离，难有安定的日子。

《史记》原典精选

定公十三年夏，孔子言于定公曰："臣无藏甲①，大夫毋百雉之城②。"使仲由③为季氏宰，将堕三都。于是叔孙氏先堕郈。季氏将堕费，公山不狃、叔孙辄率费人袭鲁。

——节选自《孔子世家第十七》

【注释】

❶ 臣无藏甲：家臣不得私存甲兵。

❷ 大夫毋百雉之城：大夫的封邑，其城不能过百雉。城高一丈、长三丈为一雉。

❸ 仲由：字子路，孔子弟子。

【译文】

鲁定公十三年（公元前497年）夏季，孔子对鲁定公说："臣子不可以私藏甲兵，大夫不可以拥有高达一丈、长达三百丈的城墙。"于是，他派仲由担任季氏家臣，打算让季孙、叔孙、孟孙三家拆掉城邑的城墙。叔孙氏率先拆掉了城墙。季氏将要拆掉都城费邑的城墙，公山不狃和叔孙辄率领费邑人袭击鲁国都城。

邑不能乱造

依照周朝的分封制，诸侯的封地称为"国"，卿和大夫的封地称为"邑"，士的封地称为"家"。贵族们平日里就在各自的封地内生活。无论什么封地，都要经过上级正式分封，在规定的等级内建造，才算合法。三桓修建的都邑城墙，都超过了自己应有的规模，属于违规建造，只不过因为他们的势力大、不好惹，国君才装作不知道。正是出于这一点，孔子为了重树规矩，才要求拆掉三桓的都邑城墙。

27 颜回与子路：不一样的勇敢

人　　物：子路
别　　称：仲由、季路、先贤仲子
生 卒 年：公元前542年—公元前480年
出 生 地：鲁国卞邑（今山东省临沂市平邑县）
历史地位："孔门十哲"之一、"孔门七十二贤"之一

人物小传

孔子周游列国的时候，吴国和楚国依然时不时地打仗。

有一次，吴国攻打陈国，楚国派兵来救。孔子听说楚国带兵的正是楚昭王本人，就想前去拜见，希望得到任用。

陈国和蔡国的大夫听说后，担心孔子在楚国得到任用后，他们这些在陈国、蔡国掌权的大夫会很危险。因此，他们找来了一些做劳役的人，把孔子一行人困在荒无人烟的野外，进退不得。

孔子他们本来就没带多少粮食，很快就吃光了。接下来的好多天都只能靠挖野菜、采野果勉强充饥，很多人因为吃不饱，又被打仗连惊带吓，病倒了。孔子看在眼里，急在心上。

一个名叫颜回的弟子站了出来，自告奋勇地说："我去找人借点米吧！"

"去哪里找人借呢？"孔子无奈地说，"最近的人家距离这里也很远。这年头兵荒马乱的，还是不要冒险了吧！"

"总不能一直等在这里，什么事也不做呀！"颜回说，"您就放心吧。我身体好，跑得快，一定能带回来一点吃的。"

"那你快去快回，注意安全。"孔子也认为颜回说得有道理，总算同意了。

颜回煮饭

颜回比孔子小了三十岁。他本是鲁国贵族的后代，可惜家道中落，等到颜回出生时，他们家已经很困窘了。

颜回的父亲向孔子请教过很多问题，算是孔子的学生，也正因此，等颜回长到十三岁时，也被送到孔子这里做学生。

颜回刚入孔门时，在弟子中年龄最小，性格内向，沉默寡言，看起来一点都不机灵，但这不过是他不想显露出来罢了。

实际上，颜回非常好学，孔子给弟子们讲学的时候，他很认真地听，却从不和同学们争论，也不会轻易和人闹别扭。课堂之外和孔子聊天时，对于孔子提出的问题，他总能对答如流。如果答错了或是有什么事做得不妥当，只要被纠正一遍，下次就不会再犯。

颜回去借米走了以后，大家的心里燃起了希望。可是，等呀等呀，等到快天黑了，才终于把他给等回来。

"快看，我向一户人家借来了一点米。"颜回高兴地展示给大家看，"虽然不太多，但也够我们稍微填填肚子。"

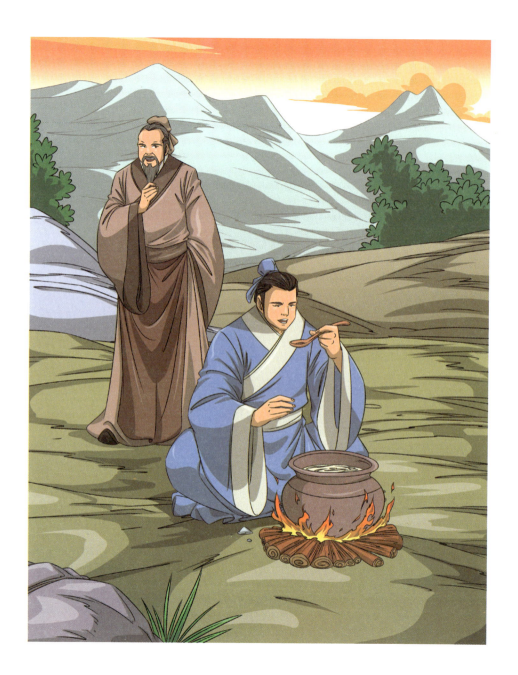

大家见颜回真的借来了米，都觉得他非常厉害，纷纷凑过来夸赞他。

"哎呀，小点声，老师睡觉呢，别把他吵醒了。"有人提醒道。

"既然如此，我还是赶快做饭吧。这样老师醒了就有东西可以吃了。"颜回说着，赶紧去做饭了。

很快，锅里传出了阵阵饭香，孔子也迷迷糊糊地醒过来。但是，就在他坐起身看过去的时候，忽然发现颜回正在用手抓饭吃。

他怎么是这样的人呢？孔子非常意外，却又不好直接斥责，于是假装什么都没看见，走到颜回身边，故意说："我刚才做了个梦，梦到先人启发我，你等会儿做好饭先盛给我一份，我要祭奠先人。"

颜回一听，赶紧劝阻："刚刚风大，把烧火的炭灰吹进了锅里，饭被弄脏了一点。我想着好不容易才要来的米，扔掉可惜，就抓起来吃了。这个饭不可以用来祭奠了。"

"原来是这样，看来是我错怪你了。"孔子恍然大悟，"我之前听人说，眼睛不会骗人。现在看来，就算是亲眼看见的事，也不一定都是真的啊。"

从此以后，孔子更加信任颜回了。

颜回凭借自己的勇敢和智慧，给大家准备了一顿饱饭，真正帮助他们走出困难的，却是子贡。

子贡前往楚国求助，楚昭王出兵来迎孔子，孔子终于得以脱离困境。

返回鲁国

子贡是卫国人，家里世代经商，非常富裕。他办事通达，有非凡的政治才能，曾担任过鲁国、卫国的国相。

曾经有人这样对子贡说："我看你比孔子还要贤明！"

"不是这样的。"子贡认认真真地说，"我这个人的本事，不过像一人高的围墙，谁路过的时候，都能看穿墙里到底有什么。孔子却像几丈高的围墙，一般人看不出他的墙里到底有多么富丽堂皇。从这个角度来说，他就像太阳和月亮那样光彩照人！"

子贡擅长辩论，总能说服对方。

孔子被困野外的这一次，也是他凭借着三寸不烂之舌，才说服楚国派兵来迎孔子，孔子才得以带着弟子们突破重围，到了楚国，后来又辗转回到卫国。

那时候，吴国和楚国的战争虽然已经结束，但吴国和齐国又先后去打鲁国。

吴国讨伐鲁国的时候，孔子的弟子有若参战有功，吴国战败。

齐国派大军讨伐鲁国的时候，孔子的弟子冉求率鲁国军队与齐国作战，获胜。

因为孔子的几位弟子能征善战，这两次危机都被顺利解除了。

"你们的本事是从哪里学来的呀？"鲁国大臣问他们。

"是从孔子那里学来的。"他们一五一十地说。

在弟子们的努力下，季康子派人迎孔子回鲁国。

此时，距离孔子离开鲁国已经过去了十四年。孔子得到消息后非常激动，带着弟子们重新回到了故乡。

著书立说

虽然回鲁国之后，孔子还是希望通过做官来施展自己的政治抱负，但他已经将近七十岁了，身体和精力都不允许了。

"还是多教几个弟子，让他们完成我没有实现的愿望吧。"

他从此致力于整理编写《诗》《书》《礼》《乐》《易》《春秋》，也就是六经，并先后收了三千多个弟子，其中学有所成的有七十二人。

几乎同时，孔子的好朋友左丘明也上了年纪，不得不辞官回乡。想到之前曾和孔子一起去周王室查阅了很多资料，本身又是史官，左丘明回乡后，也写了两本书，一本叫《左传》，一本叫《国语》，翔实地记述了春秋时期的历史。

当年跟随孔子周游列国的诸位弟子中，有些人跟他回到了鲁国，比如颜回。但颜回并不热衷于做官，回国后，还是生活得非常简朴，自得其乐。闲暇之余，还帮助孔子编修六经。

还有很多弟子留在了卫国，比如子路。只可惜，没过多久，卫国发生内乱。这些弟子多多少少都受到了牵连，子路更是因此丢掉了性命。

子路结缨遇难

事情是这样的。

当时，子路是卫国大臣孔悝（kuī）的门客。内乱时，孔悝被卫出公的父亲蒉（kuì）聩劫持，子路本来在外面办事，听到消息，立刻往孔家赶。

刚要进入卫国的城门时，正巧遇到好友子羔从里面出来，子羔劝他说："城门已经关闭了，你还是别参与了吧，免得惹上麻烦。"

"我拿着孔悝给的俸禄，他遇到危难，我怎么能一走了之呢？"子路说。

子羔见状，只好独自离开了。

后来，子路的另一个好朋友公孙敢也劝他不要参与，同样被子路回绝了。

子路趁着有使者进城的机会，冲进了城门，在孔府中找到了孔悝。孔悝和蒉聩此时都站在一个高台上。

子路急中生智对蒉聩说:"您何必一定要任用孔悝呢？请将孔悝交给我，让我杀了他吧。"

可对方并没有相信子路的话，将孔悝交给他。子路情急之下放了一把火，希望趁着大家救火的机会，自己冲上前去救出孔悝。

万万没想到，人们虽然忙于救火，却并没有放松对孔悝的看管。子路一上前，立刻就有很多士兵围住了他。

子路奋力抵抗，依然寡不敌众，在激烈的打斗中，两位武士用武器刺向子路，割断了子路的帽缨。

子路见自己已经无力回天，心知自己今天恐怕要死在这里了。但他不想死得太狼狈，就对士兵们说:"君子就算是死，也要衣冠整齐地死，帽子是不能掉下来的。你们应该愿意给我一点时间，让我把帽子系好吧？"

士兵们答应了他，让他捡起帽缨，系好帽子。之后，子路果然从容赴死。

孔子听说卫国发生政变后，非常不安。他对弟子们说:"以子羔的性格，安全回来没有问题；但以子路的性格，一定凶多吉少了。"

果然，没过多久，就传来了子路的死讯。

孔子悲痛欲绝，伤心地哭了很久很久。

《史记》原典精选

有使者入城，城门开，子路随而入。造蒉聩①，蒉聩与孔悝登台。子路曰："君焉用孔悝？请得而杀之。"蒉聩弗听。于是子路欲燔台，蒉聩惧，乃下石乞、壶黡攻子路，击断子路之缨。子路曰："君子死而冠不免。"遂结缨②而死。

——节选自《仲尼弟子列传第七》

【注释】

① 蒉聩：即蒯聩，卫出公的父亲，挟持孔悝帮自己争夺王位。
② 缨：冠的带子，将它系到下颌，固定头冠。

【译文】

正赶上有个使者要进城，城门被打开，子路就跟着进了城。子路来到蒉聩所在之处，看见蒉聩挟持孔悝站在孔宅内的高台之上。子路说："您何必一定要任用孔悝呢？请让我捉住他杀了吧。"蒉聩不听他的建议。于是子路要放火烧高台，蒉聩很害怕，就让石乞和壶黡到台下去攻打子路，打斗过程中砍断了子路的帽带。子路说："君子就是死，也不能让帽子掉下来。"说完系好帽带就死了。

冠的重要性

周代的男子都把戴冠这件事看得非常重要。因为在当时，"冠"是衡量一个人是否成年的标志，只有行了冠礼，才是一个真正的成年人，可以参加各项活动、享受各项权利，并对社会负有责任和义务。

子路是孔子的学生，和孔子一样十分崇尚周礼。在生死攸关的情况下，子路做出"死不免冠"的决定，是将衣冠端正的君子威仪看得比生命还重要。

28 勾践复国：苦胆不好吃，但有用

人　　物：勾践
别　　称：句践、鸠浅、菼执
生 卒 年：？—公元前464年
出 生 地：越国会稽（今浙江省绍兴市）
历史地位：春秋时期越国君主、"春秋五霸"之一

人物小传

作为孔子的弟子，颜回临危不惧，费尽千辛万苦带回了米，得以让老师和同学们饱餐一顿；子路为了保护上司，不惜杀入重围，最终连性命都放弃了。

不得不说，他们都很勇敢。

勾践也很勇敢。

他在被吴王夫差打败后，为了能积蓄力量、报仇雪恨，身为越国国君，却不惜带着妻子和大臣们，一起忍辱负重，低眉顺眼地侍奉了吴王夫差好几年。

被困会稽

我们之前讲过，夫差之所以要打勾践，很大程度上是因为勾践带兵害死了他的父亲阖闾。因此，在答应了勾践的求和之后，夫差就让人把他送到了阖闾的墓前，安排他住在用石头搭成的小屋子里，让他和他的妻子终日做一些低贱的工作。

夫差不仅这样羞辱勾践，还想收买跟他一起来投降的范蠡（lí）。

"越国现在已经和亡国没什么区别了。聪明人都不会做亡国的臣子，你不如离开勾践，来辅佐我吧。"

但范蠡始终没忘勾践对自己的知遇之恩——范蠡本是楚国人，当时的楚国只有贵族才能做官。像范蠡这样的平民，就算再有本事也不行。也正因此，范蠡才和好朋友文种一起离开楚国，来到越国，成了勾践的臣子。所以，他对勾践忠心耿耿、毫不动摇。

"您真是高看我了。"范蠡这样回复夫差，"如果我真是聪明人，勾践也就不会成为亡国之君了。承蒙您开恩，我们君臣才得以不死，现在，还是让我继续跟勾践一起侍奉您吧！"

夫差见范蠡不愿意，也没有继续勉强，就让他继续和勾践待在一起。

勾践身为国君，却被囚禁在他国，每天做着低贱的工作，这让他觉得非常屈辱，很多时候会忍不住叹气说："难道我此生就要这样度过了吗？"

但很快他又想起临行前文种叮嘱自己的话："您千万不要灰心！想当年，商汤、周文王都有过类似的经历。就连齐桓公小白和晋文公重耳也都有过漫长的逃亡生活。最后，他们不都称霸天下了吗？您受委屈不过是暂时的，好日子还在后面呢！"

正是在范蠡的陪伴、文种的鼓励下，勾践熬过了最艰难的几年时间。

夫差见勾践一直表现得这么顺从，以为勾践是真心归顺了自己，最终把他放回了越国。

卧薪尝胆

时隔数年，再次回到越国，见到夹道欢迎的民众，勾践心里难免五味杂陈。

一方面，他觉得自己侍奉夫差的经历非常屈辱；另一方面，他也惊讶于大家并没有因此看不起自己，反而还这么拥护自己，也就更觉得自己对不起越国人。

所以，他虽然回到了原来的宫殿里，却不再住原来华美的宫殿、睡原来柔软的床。

他让人建了一个和之前在吴国时住的一样的石头屋子，就住在这里。

平日里，除了在石屋里处理国事，他和妻子还亲自去田里劳作，吃的、穿的、用的都简陋极了。

最重要的是，他还让人在石屋中挂着一颗苦胆，他坐着或躺着的时候，苦胆就悬挂在眼前；吃饭的时候，还一定要尝一尝苦胆的味道，借此来提醒自己，

不要忘了曾经在吴国的那些日子。

对待臣子和民众，勾践也做到了同甘共苦。对待有才之人，他谦恭有礼、厚待有加；听说大臣生病了，勾践马上亲自前去看望；对待普通民众，也是前所未有地关心、爱护；知道谁家遇到困难，马上派人去慰问、救济；还颁布鼓励生育的政策，增加人口。

经过在吴国做人质这件事后，他也深刻明白了文种和范蠡对自己的忠心。回国之后，他要把国家政务都交给范蠡处理，然而范蠡却说："领兵打仗之类的事，文种不如我；处理国政、安抚百姓、振兴国家，我不如文种。"

勾践听他这么说，就将全国的政务都托付给了文种，派范蠡与大夫柘稽前往吴国充当人质，降低夫差的戒心。两年之后，吴王把范蠡送了回来，勾践让范蠡管理军务，君臣一心，踏踏实实地治理国家。

黄池之会

就在勾践带领大臣和民众暗中积攒实力，企图一雪前耻的时候，夫差却依旧带领着吴国军队不停地征战。

虽然有输有赢，但无论胜负如何，国力都难免被一点一点地消耗。

再加上，勾践为了迷惑夫差，不停地派人往吴国送宝物、美女，夫差见了这些，高兴得心花怒放，更加把越国当成自己的附属国，完全放松了警惕。

公元前482年的春天，夫差要带兵前往黄池和诸侯们开会，吴国的精锐部队都跟随吴王北上，国内只留下太子坐镇，另有一些老弱残兵守城。

勾践得知消息后，觉得这是一个难得的机会，毫不犹豫地带兵攻打吴国，很快就打到了吴国都城。混战中，就连吴国太子也被杀掉了。

消息传到夫差那里，夫差非常着急，可又不敢让天下诸侯知晓吴国战败的消息，只好命令严格封锁消息，自己带来的吴国精兵也不敢轻举妄动。一直等到会盟结束，夫差才带着大军急匆匆地回国。

然而，这时候，吴国早已经被闹得鸡飞狗跳，士兵们也因为长途跋涉，非常疲惫，没有精力再打仗了。

所以，就算夫差心里恨得牙痒痒，也不得不吃下这个哑巴亏，派人送上厚礼到越国与勾践讲和。

勾践尝到了一次甜头，也没有得寸进尺，他知道自己暂时还无法灭掉吴国。于是见好就收，继续等待下一个机会。

《史记》原典精选

吴既赦越,越王句践①反国②,乃苦身焦思,置胆于坐,坐卧即仰胆,饮食亦尝胆也,曰:"女忘会稽之耻邪?"身自耕作,夫人自织,食不加肉,衣不重采③,折节下贤人,厚遇宾客,振贫吊死,与百姓同其劳。

——节选自《越王勾践世家第十一》

【注释】

❶句践:即勾践。 ❷反国:返回越国。 ❸重采:多种颜色的华美衣服。

【译文】

吴王已经赦免了越王,越王勾践于是返回越国,从此勤劳刻苦,苦心孤诣,把苦胆挂在座位旁边,坐着或躺着的时候,都会经常凝望着苦胆,吃饭时也会品尝苦胆,问自己:"你难道忘记了在会稽所受到的耻辱吗?"他亲自耕地劳作,他的妻子亲自织布,饮食当中没有肉,不穿有多种颜色的华美衣服,谦恭有礼,礼贤下士,厚待宾客,救济贫苦百姓,吊唁死者,与百姓同甘共苦。

越王勾践剑与吴王夫差矛

春秋战国时期,吴越之地的青铜铸造技术精湛,出产了大量制作精美的青铜器物,其中的兵器尤为精美。在湖北省荆州市荆州区望山楚墓出土的越王勾践剑和在湖北省荆州市江陵县马山墓中出土的吴王夫差矛,被称作中国古代兵器的"双绝"。

越王勾践剑更是被誉为"天下第一剑",体现了当时短兵器制造的最高水平。有趣的是,这两件兵器都没有留在吴越故地,而是从楚国古墓中出土,且出土地仅相距两千米,其中又隐藏着怎样的秘密呢?

29 勾践称霸：越国昙花一现的霸业

人　　物：范蠡
别　　称：少伯、范少伯、陶朱公、鸱夷子皮
生 卒 年：公元前 536 年—公元前 448 年
出 生 地：楚国宛地三户（今河南省南阳市淅川县）
历史地位：春秋末期政治家、军事家、谋略家、经济学家和道家学者，越国相国、上将军

人物小传

越国趁着夫差北上黄池会盟，偷袭吴国都城的这场战役过去四年之后，孔子的弟子，当时正在鲁国担任大臣的子贡，给了勾践一个灭吴的天赐良机。

起因是齐国的田常要攻打鲁国。

田常虽然不是齐国国君，却出身大族，做到了齐国的相国。因为一些矛盾，田常还杀了国君齐简公，立齐简公的弟弟即位，也就是齐平公。之后，田常更是一手遮天，很快打败其他大族，占了他们的土地，势力发展得比齐平公还要大。

也正因此，田常才动了攻打鲁国的心思，想要继续扩大地盘。

子贡救鲁

孔子得到这个消息后，对他门下的弟子说："鲁国，是祖宗坟墓所在的地方，是养育我们的国家，国家到了如此危险的地步，你们几个人为什么不挺身而出呢？"

其他弟子请求前去时，孔子都没有答应。只有利口巧辞的子贡请求前去时，孔子答应了。

子贡马上出使齐国，对田常说："您为什么要攻打鲁国呢？鲁国是很难攻打的国家，与其攻打鲁国，还不如去攻打吴国呢！"

田常很奇怪，就问他："这是什么道理？谁都知道，吴国比鲁国强大得多。我为什么要舍弃小国，去打大国呢？你这不是在给我出馊主意吗？"

子贡笑着回答说："您误会了。我听说，忧患来自国内的，最好攻打大国；忧患来自国外的，最好攻打小国。从齐国的角度来说，鲁国的确是小国，比较好打；但从您个人的角度来说，忧患来自国内，而不是国外。您最需要担心的，是国君和别的大臣可能对您不利。为了解决这个问题，当然是攻打吴国比较合适。通过和吴国的作战，齐国国力被消耗，您的政敌也可能会死在战场上，国君失去了他们，以后只能更仰仗您。而攻打鲁国，就算赢了又能有什么好处呢？不过是增强了齐国的实力，让国君心生骄纵，让其他大臣更有机会联合在一起，与您争夺权力，这样的话，您在齐国的处境就很危险了。"

"听起来是这么回事儿。"田常被说动了，但随即露出有些为难的神情，"可是军队已经向鲁国进发了啊，现在下令调头，我怎么向国君和其他大臣交代呢？"

"这不难。"子贡说，"我可以去求见吴王夫差，让他派兵援助鲁国。这样，您就有理由攻打吴国了。"

田常觉得子贡说的可行，就让他南下吴国去见夫差。

子贡到了吴国后，对夫差说：

"我听说，施行王道的国家不能使诸侯国灭绝，施行霸道的国家不能让另一个强大的敌人出现，互相抗衡的双方，无论在哪一方新增重量，哪怕一铢一两，都会使重心移位。现在齐国企图独占鲁国，来与吴国一争高低，我真替大王感到危险。

"况且，您不是一直想攻打齐国吗？现在趁着齐国打鲁国，刚好可以发兵。这样，不仅可以阻止强齐的扩张，鲁国也会感激您，还能消耗越国。"

"这和越国有什么关系？"夫差问。

"您要是发兵攻打齐国，我可以去求见越王，劝说他出兵追随您。"子贡说，"到时候，越国军队一定会有死伤，名义上却是追随您讨伐齐国，功劳都是您的，这对您来说，可是一件天大的好事。"

"听起来不错。"夫差高兴地说，"那你替我去通知他们吧。"

子贡到了越国，见到勾践后，又换了一套说辞："您不是一直想打败吴国吗？如果吴国打齐国，您一定要全力协助。因为夫差很贪心，他如果打赢了齐国，一定会顺道去打晋国，晋国很强大，他们刚打完齐国，再打晋国，一定打不赢。这个时候，您再趁机攻打吴国，一定就可以把吴国灭掉了。"

勾践觉得子贡说得很有道理，同意了。

子贡得到了勾践的保证，又回到夫差那里，以"不合道义"为由，劝说夫差只接受越国的军队随行，不让勾践领兵。夫差听从了子贡的意见，拒绝了勾践随行的要求。

如此，勾践就可以顺利留在越国，等待机会了。

夫差国破身死

就这样，事情都按照子贡希望的发生了——

夫差带着吴国和越国的军队前去援助鲁国，在艾陵把齐军打得大败，然后顺道去打晋国，结果被晋国以逸待劳，打得一败涂地。

远在越国的勾践等到吴军战败的消息，趁机攻打吴国国都，一直打到距离吴国都城七里远的地方才安营扎寨。

夫差听到这个消息后，赶紧带兵回援。但这一次，吴国因为在与齐国、晋国的作战中，损失了大量精兵强将，剩下的这些人已是强弩之末。吴军与越军在五湖一带作战，三次交战都失败了。

勾践带兵包围了吴军三年，将吴军打得大败，吴王夫差被围困在姑苏山上，不得不派人向勾践求和。

吴国大夫公孙雄袒露着上身，跪地前行，来到勾践面前说："孤助无援的夫差从前在会稽得罪过您，不敢再违背您的命令。现在他的生死掌握在您的手上，希望您也能够像当年他在会稽山时一样，赦免他的罪过吧！"

勾践于心不忍，对范蠡说："他们就剩那么一点人，我不忍心让他们灭国，要不就答应他们吧？"

范蠡反驳说："您难道忘了在吴国当牛做马的那些日子吗？如果接受求和，就算可以把夫差他们抓到越国，他们也可以像我们一样积蓄力量、图谋报仇，再来一次他可不一定会放过我们了！您千万不要因为一时心软，铸成大错！"

勾践叹了口气，说："你说的这些我都知道。但他派来求和的人上了年纪，一见到我就跪在地上，又是哀求，又是大哭，我实在不知道怎么开口拒绝他才好。"

"既然您不忍心,就让我来做这个坏人!"范蠡说。

范蠡铁面无私地命人敲起战鼓,做出继续前进的样子,对吴国的使臣公孙雄说:"你快点离开吧,要是再不走,军队就要打过去了!"

公孙雄见状,只好哭着离开了。

"等一等。"勾践想了想,派人叫住他,交代道,"你告诉夫差,如果他愿意投降,我会妥善安置他,让他到甬东继续治理一百户人家。"

公孙雄点点头,千恩万谢地离开了。回去以后,他把这些话对夫差说了。

但夫差是个骄傲的人。他听完之后,非常愤慨地想:只统治一百户人家?这就完全没有复国的希望了。我贵为一国之君,战败后,竟然要这样在你勾践手下讨生活。如果以后只能这样活着,不如死了算了!

于是,他拒绝了勾践的提议,并对大臣们说:"你们以后如果有机会,替我告诉勾践,谢谢他的好意,但我已经上了年纪,没有精力再侍奉国君了!"

说完就自杀了。

勾践听说了夫差的死讯,觉得非常可惜,唏嘘之余,派人厚葬了夫差,然后继续进军,彻底灭亡了吴国。

范蠡功成身退

接下来,勾践继续带兵南征北战,最终使越国成为雄霸南方的强国。越王勾践也成为继吴王阖闾之后的新一代霸主,并得到了周天子的承认。

就在这时,范蠡却悄悄地离开他,去了齐国。

在齐国安定下来后,他好心写信提醒文种说:

"飞鸟被猎杀干净,良弓就要藏起来;狡兔被抓住杀掉,猎狗也就即将被

烹煮。我们作为勾践的臣子，虽然帮他做了很多事，立下了汗马功劳，但这些年来，和他相处的过程中，多多少少也有矛盾。勾践不是一个大度的人，他的面相颈长而嘴尖，目光似鹰，步伐像狼，只能共患难，不能同享乐。早晚有一天，他会因为一些小事，让灾祸降临到我们身上。即便不是这样，作为臣子，怎么能期望和国君一同分享胜利果实呢？你若想要保全自己，还是趁早像我一样离开吧！"

　　文种看了信以后，觉得范蠡说得很有道理，渐渐开始称病，不再帮助勾践处理国政。勾践正忙着图谋霸业，见到文种消极怠工，非常不满。

恰巧在这时候，又有人说文种的坏话："他之所以这样，说不定是自恃劳苦功高，想要推翻您自己做国君呢！"

勾践听了，难免更加生气，干脆给了文种一把剑，赐死了他。

听到文种的死讯，范蠡非常失落。从那以后，他再也没有回过越国。

范蠡从此在齐国定居下来，因为擅长做生意，他的名声越来越大，连齐国的国君也听说了，派人请他出去做官。

"如果我想做官，留在越国就可以了，何必还要跑来齐国呢？名声太大，始终不是一件好事！无论在哪里都一样。"范蠡这样想着，赶紧带了一些值钱的东西，悄悄离开齐国，去了宋国的陶地，继续隐姓埋名，自称陶朱公。

范蠡救子

又过了几年，范蠡靠做生意赚了不少钱，一家人日子过得十分兴旺。

然而好景不长，范蠡的二儿子在楚国杀了人。范蠡知道了，赶紧让小儿子带着重金前去找人说情。

"出了这么大的事，为什么让弟弟去，不让我去呢？"范蠡的大儿子却认为父亲是不信任自己，非常伤心。范蠡没有办法，只得让他去。

临行前，范蠡千叮咛万嘱咐："你到了楚国之后，把钱和这封信都交给一个叫庄生的人。一切听他安排，他怎么说，你就怎么做。"

大儿子点点头，带着东西上路了。

可是，到了楚国以后，他发现庄生住的地方非常简陋，觉得这个人不可信任。但碍于父亲的嘱托，他也只好将信将疑地把钱和信交给庄生。

其实，庄生虽然穷困，名声却很好，连楚王都要敬重他三分。他也并不是

真的想收钱，而是觉得，如果不收钱，对方会不放心，还想着等事成之后，再把钱退还回去。

庄生送走范蠡的大儿子之后没过多久，就找了个机会劝说楚王大赦天下。楚王同意了。

范蠡的大儿子听说了这个消息后，不知道这是庄生的功劳，还以为自己白花了钱，就又去找庄生要钱。

庄生倒不在意钱财，但是见范蠡的大儿子这么出尔反尔、轻视自己，非常生气，于是又对楚王说："我今天出门时，听见有人在传，您之所以大赦，不是因为体恤民众，而是因为收了陶朱公的钱财，想要赦免陶朱公的二儿子。"

"胡说！我明明是在用修德的办法来向上天祈福。怎么可能会为了一个陶朱公的儿子就宣布大赦呢！"楚王大为恼怒，马上下令处死了范蠡的二儿子，第二天才发布大赦的命令。

事情发展至此，范蠡的大儿子也傻眼了，他只能拉着弟弟的尸体回家。

家人们听到这个消息，都很伤心，只有范蠡一脸无奈地说："我早就料到会是这样。大儿子从小跟着我过苦日子，非常看重钱。小儿子从出生起就看到我很富有，所以舍得花钱。也正是因为这样，我才想派小儿子去办这件事。但我要是不让大儿子去，他就要寻死觅活的，于是我只好让他去了。现在看来，我不让他去，就要失去他；让他去了，就要失去二儿子。无论如何，我总要失去一个儿子的呀！这是一种定数，你们不必再难过了。"

这就是勾践和帮助他称霸的两个功臣的结局。

《史记》原典精选

范蠡遂去①，自齐遗②大夫种书曰："飞鸟尽，良弓藏；狡兔死，走狗烹。越王为人长颈鸟喙，可与共患难，不可与共乐。子何不去？"种见书，称病不朝。人或谗种且作乱，越王乃赐种剑曰："子教寡人伐吴七术，寡人用其三而败吴，其四在子，子为我从先王试之。"种遂自杀。

——选自《越王勾践世家第十一》

【注释】

❶去：离去，离开。 ❷遗：送给。

【译文】

范蠡于是离开，到齐国后给大夫文种送了一封信，说："飞鸟被捕尽了，良弓就要藏起来；狡猾的兔子一死，猎狗就要被烹煮。越王的脖子极长，嘴像鸟嘴一般尖，这种人只可以与其共患难，不能够与他共享乐。你为何还不离开呢？"文种看到书信后，便称病不再上朝。有人进谗言说文种想要谋反，越王赐给文种一把剑，说："你教我七种讨伐吴国的计策，我只运用了其中三种就消灭了吴国，还有四种在你那里，你替我前往死去的先王那里尝试一下那些计策吧。"文种于是自杀了。

西施的传说

西施的传说就是以吴国和越国的战争为历史背景的。相传，越王勾践战败后，将西施及其他美女一起进献给吴王夫差，希望用美色迷惑吴王。西施身负国家使命，来到吴国后，让夫差沉迷酒色、不理朝政，最终导致吴国灭亡。

与西施有关的传说，还有"沉鱼落雁"。相传，西施在江边浣纱时，鱼儿见了她的美貌，都只顾着欣赏忘了游泳，以至于渐渐沉到了水底。

30 韩赵魏分晋：贪心总是难免的

人　　物：智伯
别　　称：智襄子、荀瑶、智瑶、智伯瑶
生 卒 年：公元前506年—公元前453年
出 生 地：晋国智邑（今山西省永济市）
历史地位：春秋末期晋国的执政大臣，智氏家族的家主

人物小传

越王勾践虽然称霸，但一直盘踞在南方，对北方的影响不大。也就是说，中原各个诸侯国的状况依旧和之前差不多，一有机会就你争我夺、战乱不休。

但是，相比于以前，国与国之间的战争少了很多，取而代之的是国君和国内各个大族之间的斗争。

就像前面我们说过的，田常作为齐国大族的代表，可以在齐国国内一手遮天。其他诸侯国内也是这样，很多大族的势力也像田家一样不断膨胀，不仅可以轻而易举地左右国君的废立，甚至只要时机成熟，就能够取而代之。

晋国就是这样被瓜分的。

瓜分晋国

尽管国君们也明显感觉到了危机，但在和大族斗争的过程中，不一定能占上风。

就像可怜的晋厉公一样，虽然他一直想先下手为强，并且也利用计谋成功除掉了郤氏和胥氏，但没过多久，他自己就被栾氏和中行氏联手害死了。

也正是因为这场内乱，晋国忙于稳定国内，才不得不和楚国握手言和，结束了如火如荼的争霸战争。

而在这之后，晋国众多大族中，只剩赵氏、魏氏、栾氏、中行氏、智氏、范氏和韩氏这七家比较有势力。

然而，就算出了这么大的事情，晋国也只安静了一代，很快又闹起来了。

这次遭殃的是栾氏。

栾氏和范氏原本关系就不好。这就要说到很多年前的一桩旧事了。当时晋国攻打秦国，栾氏和范氏都有参加。栾氏有一对兄弟——栾黡和栾鍼，哥哥栾黡见情况不妙就带着手下撤退了，弟弟栾鍼却跟着范氏的范鞅头也不回地往前冲。

后来，栾鍼战死了，范鞅却平安逃了回来。

"凭什么我弟弟战死了，你却能活着回来！"栾黡一气之下，把范鞅赶出了晋国。

范鞅来到秦国，背井离乡过得很不容易，就此恨上了栾氏。

等后来有机会，他又回到了晋国，开始报复栾氏，直到把栾黡的儿子栾盈也逼出了晋国。

栾盈不得不开始四处流亡,被范鞅这么欺负,他自然也咽不下这口气。他找了个机会,和齐庄公合作,自己作为内应潜入晋国曲沃,本想着要报仇,结果报仇不成,自己反而丢了性命,栾氏也因此被灭族。

自此,晋国大族仅剩韩氏、赵氏、魏氏、智氏、范氏、中行氏六家。

在这六家中,虽然赵氏之前险些被灭族,但在韩氏的帮助下,渐渐恢复过来,重新掌握了晋国的军政大权。也正因此,赵氏和韩氏的关系非常好,后来,魏氏也加入了他们的阵营。

三家一有机会,就大肆瓜分土地。范氏和中行氏看在眼里,非常不满。等到范鞅掌权后,就奋力拉拢中行氏,试图对抗韩、赵、魏三家,并利用职务之便,不顾一切地为范氏谋福利。

很快,范氏就超越了另外五家,成为晋国最有势力的大族。

只可惜,没过多久范鞅就死了。晋国大权落到了一直没什么大作为的智氏手中。

这个时候,晋国的情况是:智氏主管国政,赵氏主管军事,这两家算是平分了大权。韩氏、魏氏与赵氏抱团,范氏和中行氏属于被这四家打压的家族。

因为范氏在当政的时候贪得无厌、失去民心已久,并且经常不把国君放在眼里,现在被打压,国君自然也不会袒护他们。中行氏是范氏的姻亲,一向和范氏走得近。

最终,在国君和大族的共同绞杀下,中行氏、范氏被打散,一路逃奔到齐国去,退出了晋国的政治舞台,而晋国仅剩的四家大族——韩氏、赵氏、魏氏、智氏,瓜分了原来属于范氏和中行氏的领地。

此后,晋国总算又安定了一段时间。

三家灭智

还剩下的智氏、韩氏、赵氏、魏氏这四家中，以智氏的势力最大。并且，随着智氏的重新崛起，受到国君的信任，渐渐威胁到韩、赵、魏三家的势力。

智伯瑶成为执掌国政的正卿后，对三家大夫赵襄子、魏桓子、韩康子说："晋国本来是中原霸主，后来被吴、越夺去了霸主地位。为了使晋国强大起来，我主张每家都拿出一百里的土地和人口来给国君。这样吧，我智家先拿出一个万户邑献给晋公，你们呢？"

智伯瑶之所以这么说，明摆着是想送国君人情，进而从国君那里得到更多的好处。赵襄子、魏桓子、韩康子都十分清楚这一点，所以都不想答应。

"可是，如果拒绝了，他一定会带兵来攻打我，国君也会记恨我，不如就先听从他吧。"韩康子这么想着，就拿出了土地和人口。

魏桓子和韩康子想得差不多，他也让出了土地和人口。

只有赵襄子非常强硬地拒绝了。之前攻打郑国的时候，赵襄子受到过智伯瑶的侮辱，与他生出了嫌隙，所以经常与他对着干，一点都不想配合他的提议。

然而，赵襄子的这个反应，正中智伯瑶下怀。他早就巴不得大家不听话，这样他就有借口攻打这些大族了——说不定还可以一举灭掉他们，把他们的土地和人口彻底抢过来！

智伯瑶将赵襄子的话添油加醋地告诉国君。

国君听说其他家族都献出了，只有赵氏拒不献出土地和人民，果然很生气，马上下令让智氏带着韩氏、魏氏一起出兵攻打赵氏。

赵氏就算再厉害也抵挡不住这么多人，自知寡不敌众的赵襄子，不得不带着族人撤退到晋阳城里。

水灌晋阳

晋阳城是赵简子留给赵氏儿孙们的退路，他在生前反复告诫子孙："赵氏一旦有难，不要嫌晋阳路途遥远，不要嫌尹铎地位不高，一定要据守晋阳……"

智伯瑶带着魏桓子、韩康子一路追着赵襄子到晋阳城后，本想一鼓作气把晋阳城打下来。可是，一连打了好几次，都没有成功。

智氏打定主意说："打不下来，那我就围住你，把你困死在里面！"

他又对魏桓子和韩康子说："你们好好干，等打败了他们，我们马上平分了他们的土地和人口！"

魏桓子和韩康子虽然也很想得到土地，但他们和赵氏的关系向来不错，此次发兵本来就有些犹豫，所以也就没有全心全意地帮着智氏。

三家围困晋阳城围了两年，依然没什么进展。

"这可怎么办才好？"智氏有点着急了。

有一天，智伯瑶到城外察看地形，看到晋阳城东北的那条汾水，忽然想出了一个主意：晋阳城虽然坚固，却地势很低，容易积水，如果派人引来汾水，源源不断地灌进城里，晋阳城不就破了吗？

他吩咐兵士在汾水边上另外挖出一条河道，一直通到晋阳城附近，又在汾水上游筑起堤坝蓄水。这时候刚好是雨季，水坝里的水很快就满了。智伯瑶命令兵士在晋阳城附近的河坝上挖开一个口子，大水就直奔着晋阳城冲去了。

很快，晋阳城里就一片汪洋。被围困了两年，人们本来就不剩多少粮食，现在地上灌进来的全是水，做饭都找不到地方。很多人一连好几天都没饭吃，又冷又饿，不少人生了病，城中一片哀号声。

　　智伯瑶带着魏桓子和韩康子来到高处察看城里的情况,见到如此惨状扬扬得意地说:"我活了这么久,打了半辈子仗,还从来不知道河水的威力这么大!看来,以后打别人的时候,也可以这么干。"

　　说者无心,听者有意。魏桓子和韩康子站在智伯瑶身边,听他这么说,心里自然七上八下的。

没过多久,赵氏在城内实在坚持不住了,饭都吃不饱,家臣渐渐有了不忠之心,对待赵襄子的礼仪也日渐怠慢。赵襄子内心感到恐惧,就连夜派家相张孟暗中去见魏桓子和韩康子。

这一见面,魏桓子和韩康子的内心更加动摇了。

张孟说:"你们跟着智氏来攻打我们,如果成功了,智氏的下一个目标会是你们中的谁呢?"

魏桓子和韩康子本来就不太愿意来打赵氏。围城这两年,智伯瑶越来越傲慢,他们和智氏也起了不少矛盾,无时无刻不在担心智氏会对自己下手。现在听张孟这么一说,当即决定倒戈相向,和赵氏一起去打智氏。

当天晚上,魏桓子和韩康子就带人悄悄上了大堤,抓住了智氏的守军,把汾水的流淌方向引向了智氏驻扎的营地。

赵襄子在晋阳城里看见大水退了,就知道张孟的游说成功了,大受振奋,当即带人冲出城来,和韩氏、魏氏一起,把智氏打得大败,智伯瑶兵败身亡。

三家乘胜追击,诛灭了智氏大部分的族人,平分了智氏的土地和人口。

晋国国君听说智氏非但没有打赢赵氏,反而被灭,非常生气,本打算利用齐国和鲁国的力量去攻打韩氏、魏氏和赵氏,可是,这三家联合在一起,实力非常强劲,最终不仅把齐国和鲁国打得落花流水,还把晋国国君也赶到了国外。

后来,他们又重新立了晋国国君,却把晋国的土地瓜分殆尽,只留了两座小城供晋国国君供奉祖先,从此,晋国国君也就名存实亡了。

春秋时代就此结束,中国历史进入一个新时期——战国时代。

《史记》原典精选

知伯①益骄。请地韩、魏,韩、魏与之。请地赵,赵不与,以其围郑之辱。知伯怒,遂率韩、魏攻赵。赵襄子惧,乃奔保晋阳②。

——节选自《赵世家第十三》

【注释】

❶知伯:即智伯,智伯瑶。　❷保晋阳:坚守晋阳,依靠晋阳自保。

【译文】

智伯越发骄妄,向韩、魏两家要求割让土地,韩、魏都将土地给了他。向赵氏要求割地,赵氏不给,因为赵襄子围攻郑国时曾经受到过智伯的侮辱。智伯很生气,就统领韩、魏两家攻打赵氏。赵襄子害怕,便逃往晋阳坚守。

士为知己者死,女为悦己者容

虽然智氏在晋阳之战中被韩赵魏三家攻灭,智伯瑶身死,但智伯瑶生前有一个名叫豫让的家臣,非常感念智伯瑶的知遇之恩。智氏败落后,豫让坚持给智伯瑶报仇,不惜用漆涂满全身毁容,吞炭改变声音来伪装自己,屡次刺杀赵氏家主赵襄子。尽管最后失败被抓,临死前依然请求赵襄子允许自己亲手刺穿他的衣服,以全自己为智氏复仇的心愿,因此留下了"士为知己者死,女为悦己者容"的典故。

成语典故小课堂

1. 韦编三绝

《史记·孔子世家》中记载：孔子晚年很爱读《周易》，翻来覆去地读，使穿连《周易》竹简的牛皮绳断了好几次。

后来人们常用"韦编三绝"来形容读书勤奋。

2. 春秋笔削

《史记·孔子世家》中记载：孔子在修订《春秋》时，笔则笔，削则削，就连子夏这样长于文字的弟子，也不能帮他增删一句。

笔，记录；削，删改。古时在竹简或木简上写字，删改时需要用刀刮掉原来的文字。"春秋笔削"即应当记录的一定记录，应当删掉的一定删掉，记事或详或略，或书或不书，皆有微言大义寓于其间。后人也将像孔子这般文笔曲折而意含褒贬的文字称为"春秋笔削"或"春秋笔法"。

3. 齿牙为祸

《史记·晋世家》中记载：晋献公兴兵伐骊戎之前，曾经占卜，卦象上说"晋国会因为小人的谗言生出祸端"，等到攻破骊戎后，晋献公得到了骊姬，宠爱于她，果然因此扰乱了晋国。

"齿牙为祸"的意思就是，以谗言拨弄，造成灾祸。

4. 筚路蓝缕

《史记·楚世家》中记载：楚国的先王熊绎，驾着简陋的柴车，穿着破旧的衣服去开辟山林。

筚路，柴车；蓝缕，即褴褛，破旧的衣服。"筚路蓝缕"多用来形容创业的艰苦。

5. 卧薪尝胆

《史记·越王勾践世家》中记载：春秋时，越国为吴国所攻占，越王被迫侍奉吴王两年。越王勾践为了复仇，将苦胆置于坐卧的榻旁，每日都要尝一尝，提醒自己不要忘记复仇。

"卧薪尝胆"后来常用语形容一个人忍辱负重、发愤图强，最终苦尽甘来。

6. 大名难居

《史记·越王勾践世家》中记载：范蠡辅佐勾践称霸之后，被封为上将军，勾践还准备对他大加封赏，但范蠡认为"大名之下，难以久居"，自己是时候功成身退了，于是悄悄收拾了细软，从海上乘船离去，再没有返回越国。

"大名难居"指盛名之下不易自处。

7. 藏弓烹狗

出自"飞鸟尽，良弓藏；狡兔死，走狗烹"。《史记·越王勾践世家》中记载：越王勾践灭吴后，谋臣范蠡离开了越国，还给大夫文种写了一封信，信中写道:"飞鸟尽,良弓藏;狡兔死,走狗烹",劝文种也赶紧功成身退。文种不听,后来被勾践赐死。

"藏弓烹狗"多用来形容得势之后,废弃或杀害有功之臣的做法。

8. 不毛之地

《史记·郑世家》中记载:楚庄王伐郑,郑襄公向楚庄王投降时卑微地乞求说:"如果君王没有忘记周厉王、周宣王、郑桓公、郑武公,哀怜他们,不忍心断绝他们的祭礼,就请求您赐给我们一块不毛之地,使我们能够改过再侍奉您,这是我的愿望。"

"不毛之地"即不生长草木庄稼的荒地,也用来形容贫瘠、荒凉的地方。

9. 唇亡齿寒

《史记·晋世家》中记载:晋国向虞国提出借道,要去攻打虢国,虞国大臣宫之奇劝谏国君不要同意,说:"虞国和虢国就像牙齿和嘴唇的关系,嘴唇(虢国)若是没有了,牙齿(虞国)也要危险了。"

后人由此提炼出成语"唇亡齿寒",比喻关系密切,利害相关。

10. 招摇过市

《史记·孔子世家》中记载:孔子周游列国。到卫国时,卫灵公和夫人同坐一辆车子,安排孔子紧随其后坐在第二辆车子上,一起大摇大摆地从市面上经过,故意在百姓面前显示派头,炫耀自己。孔子感到羞耻地说:"我还真没见过谁爱慕德行能像爱慕美色一般热切。"他对卫灵公感到失望,于是离开卫国到别国去了。

"招摇过市"指在公共场合大摇大摆显摆声势,引人注意。

11. 季子挂剑

《史记·吴太伯世家》中记载:季札出使时路过徐国,徐国国君十分喜爱季札的佩剑。季札看出了徐国国君的意思,但因为还有出使的任务,不方便赠送,就打算等归国时再来赠送。结果等他再来时,徐国国君已经去世了,季札就将佩剑挂在国君的墓前,完成自己在心中许下的承诺。

"季子挂剑"常被用来比喻重信义的美德。

12. 丧家之犬

《史记·孔子世家》中记载:孔子有一次与弟子走散后,待在东门边上发呆,有人告知孔子的弟子子贡,并对子贡形容说:"东门边上的那个人,前额像尧,脖子像皋陶,肩部像子产,不过自腰部以下和大禹差三寸,看他劳累的样子就像一条'丧家之犬'。"

"丧家之犬"意思是无家可归的狗,也比喻无处投奔、到处乱窜的人。

13. 一鸣惊人

《史记·楚世家》中记载:楚庄王即位后,三年不理朝政,日夜饮酒作乐。后有大臣伍举冒险以隐言进行劝谏:"楚国的山上有只大鸟,整整三年了,不飞也不叫,大王可知道这是什么鸟?"楚庄王回答说:"三年不飞,飞将冲天;三年不鸣,鸣将惊人!"

"一鸣惊人"的本义是一叫就使人震惊,后用来比喻平时没有突出的表现,突然一下子就做出惊人的成绩。

14. 管鲍分金

《史记·管晏列传》中记载:管仲和鲍叔牙是一对好朋友,两人年少时曾在一起做生意,每次管仲都要分多一些红利,但鲍叔牙却不认为管仲是个贪财的人,始终对管仲很好。

"管鲍分金"常用来比喻朋友之间情谊深厚,能知心相交。

15. 意气扬扬

《史记·管晏列传》中记载:晏子身为齐国宰相,外出时谨慎小心,显出一种甘为人下的谦恭态度;而给他驾车的一个车夫却因为自己是给宰相驾车而神气十足,十分得意的样子。

"意气扬扬"也作"得意扬扬",形容一个人自满自得的样子。

16. 百步穿柳

《史记·周本纪》中记载:春秋时期楚国有个叫养由基的人,最擅长射箭。他在百步之外射柳树叶子,百发百中。旁边观看的有几千人,纷纷称赞他是一个神射手。

"百步穿柳"后来也写作"百步穿杨",多用来形容射击技术精湛。

17. 抱痛西河

《史记·仲尼弟子传》中记载：孔子逝世后，弟子之一的子夏定居河西教授学生，成了魏文侯的老师。后来，子夏的儿子死了，子夏悲痛欲绝，把眼睛都哭瞎了。

"抱痛西河"本义是指孔子弟子子夏在西河丧子而哭瞎眼睛的事，后被用来代指丧子之痛。

18. 三令五申

《史记·孙子吴起列传》中记载：孙武为吴王练女兵时，宫女们只当是在游戏，嘻嘻哈哈地不当回事。孙武说："约束不明，申令不熟，这次应当由将帅负责。"于是，三番五次地向她们申明军法严厉，可宫女们依旧不往心里去，孙武立刻让人将两位队长推出斩首，再次发号施令时，大家都乖乖服从。

"三令五申"即多次命令和告诫。

19. 退避三舍

《史记·晋世家》中记载：晋文公流亡楚国时受到了楚成王的礼待，当即许下承诺，来日晋、楚两国若发生战争，一定会命令晋国军队退避三舍，以报答楚成王的恩情。

"退避三舍"现在常用于比喻退让和回避，避免冲突。